沙特国王大学

阿卜杜勒阿齐兹·曼尼亚阿拉伯语语言文学讲堂

跟随穆太奈比的脚步

逃亡之路实地研究

[沙特] 阿卜杜勒阿齐兹·本·纳赛尔·曼尼亚　著

李羚溪　周辰夫 ——————————————— 译

陕西师范大学出版总社　西安

图书代号　SK25N1119

图书在版编目（CIP）数据

跟随穆太奈比的脚步 ： 逃亡之路实地研究 ／（沙特）
阿卜杜勒阿齐兹·本·纳赛尔·曼尼亚著；李羚溪，周
辰夫译. -- 西安 ： 陕西师范大学出版总社有限公司，
2025. 6. -- ISBN 978-7-5695-5554-7

Ⅰ．K833.845.6

中国国家版本馆CIP数据核字第20251XG396号

合同登记号：25-2025-088

跟随穆太奈比的脚步：逃亡之路实地研究
GENSUI MUTAINAIBI DE JIAOBU : TAOWANG ZHI LU SHIDI YANJIU

［沙特］　阿卜杜勒阿齐兹·本·纳赛尔·曼尼亚　著

李羚溪　周辰夫　译

出 版 人	刘东风
选题策划	陈君明
责任编辑	陈君明
责任校对	王西莹
装帧设计	张潇伊
出版发行	陕西师范大学出版总社
	（西安市长安南路199号　邮编 710062）
网　　址	http://www.snupg.com
印　　刷	西安五星印刷有限公司
开　　本	880 mm×1230 mm　1/32
印　　张	7.25
插　　页	4
字　　数	166千
版　　次	2025年6月第1版
印　　次	2025年6月第1次印刷
书　　号	ISBN 978-7-5695-5554-7
定　　价	58.00元

读者购书、书店添货或发现印装质量问题，请与本公司营销部联系、调换。

电话：（029）85307864　85303629 传真：（029）85303879

前言

　　自从我进入学术讲堂从事阿拉伯语语言和文化的研究以来，其中一项重要工作就是出版高质量的学术研究成果。

　　讲堂不断出版研究成果，希望每一项研究都能为阿拉伯语——这一塑造阿拉伯民族文化身份的主要因素——的发展提供切实的智力支持，并加强民众对阿拉伯语言文学及其发展史的重视。

　　阿拉伯语无论在文明层面抑或学术层面都有着广阔的发展前景，在文学、批判性研究、修辞和文风等领域流派纷呈。各个历史时期都见证了阿拉伯语在文明和学术领域的持续发展，也见证了其丰富多彩的文明生态。以此为背景，我们希望通过讲堂的系列研究成果，尽可能地为阿拉伯语的进一步发展做出切实贡献。

　　此外，讲堂学术委员会针对系列研究成果所做的核心工作之一，就是在经过严谨的学术考证后，出版一批重要的阿拉伯著作。

　　综上所述，我们希望这部作品以及今后出版的其他作品，能够有助于沙特国王大学——这一始终致力于实现重要学术成果转化、提升办学质量的崇高殿堂——学术地位的不断提升。

最后，希望讲堂的各项工作，都能以传承文化为目标，担负起包括在古老悠久又富有生机的阿拉伯语，丰富多彩又推陈出新的阿拉伯文学，以及阿拉伯手稿遗迹等领域的责任。这些手稿得以考证并出版，实乃一大幸事。

保佑所有阿拉伯语使用者、阿拉伯文学创作者以及我们的阿拉伯文化遗产。

讲堂负责人

阿卜杜勒阿齐兹·曼尼亚教授、博士

致谢

　　完成这部关于穆太奈比流亡的拙作并绘制出其流亡路线地图后，除了要感谢两位尊敬的兄弟艾哈迈德·阿勒谢赫教授和阿卜杜勒阿齐兹·欧贝达博士，我还要对以下诸位友人的慷慨帮助致以诚挚谢意。按照首字母排序的方式，我的致谢名单如下：

　　感谢乌拉尼斯·马吉拉迪教授，帮助我确定了阿拉伯半岛东北部贾米伊水井的位置。

　　感谢图尔基·哈米斯教授，出于安全考虑，我并未前往伊拉克，他替我费心收集了位于伊拉克境内的穆太奈比流亡路线上的水源照片，包括比莱特、艾阿库什、鲁西迈等地的水源。

　　感谢沙特国王大学阿拉伯语系主任哈立德·哈菲博士，他在本书付梓前通读全稿，并提出了一些宝贵的建议。

　　感谢齐亚德·苏德里博士，邀请我和其他同人访问位于焦夫的阿卜杜拉赫曼·苏德里中心。正是对布塞塔地区的参访，为我打开了进入穆太奈比的世界、了解其流亡传奇的大门。

　　感谢穆塔大学教授塞米尔·达鲁比博士，他从约旦皇家地理中心为我复印了研究所需的约旦各地地图。

感谢塔拉勒·苏白伊教授，作为沙特地图中心专家，他长期关注穆太奈比流亡路线壁画的绘制，并对飞行模拟器影片展开了深入研究。

感谢法国南锡大学教授萨巴·法里斯博士，我向她借阅了库勒瓦和加达谷地两处水井的照片。

感谢沙特地图中心研究员阿卜杜拉赫曼·奈什万教授、博士，他为我们提供了全部实地考察的照片。

感谢沙特地图中心研究员阿卜杜拉·欧奈赞教授，他为我提供了两份有关基勒瓦及其遗址的重要英文研究材料。此外，我还要感谢他随时给予我的温暖帮助。

感谢库法大学文学院院长阿拉·侯赛因·拉西米教授，他为我提供了位于库法周边的艾阿库什和拉希米两地的坐标。

感谢法赫德·扎赫拉尼教授、工程师，他全程陪同我进行实地考察，对穆太奈比流亡路线周边各处展开测量以用于生成地图。

感谢约旦大学教授穆罕默德·阿德南·巴西特教授、博士，他为我提供了从安曼皇家地理中心获得的法库克山谷平面图。

感谢谢赫穆罕默德·艾德·扎莱比亚·安齐，作为拉姆山谷部落酋长，在我2014年年初第四次前往伊尔姆山时，他为我提供了关于该山的重要信息，包括古代的泉眼、瀑布、水源和池塘等，为我补充了许多宝贵资料。

感谢（埃及）明亚大学教授穆海伊丁·穆赫塞卜博士，他在本书初印后通读全书，提出了极具价值的意见。

感谢（沙特）塔布克大学教授马斯阿德·阿塔维，他邀请多位专家学者齐聚一堂，与我们就穆太奈比途经的部分地区进行探讨，并与我们共同前往西斯马南部，帮助我顺利到达了长期憧憬之地。

感谢穆罕默德·萨利姆教授，他在与马斯阿德·阿塔维博士的通话中不吝赐教，对我正在寻找的部分地区进行了介绍，他还亲手绘制了地图，在图上标注出一部分我在半岛北部要寻找的地区，并将地图传真给我们。他的手绘地图与真实地点非常接近，令我获益匪浅。

感谢曼尼亚博士讲堂秘书哈伦·法赫德·欧泰比博士，他长期协助我工作，不断从网上为我查找各类所需信息。

感谢已故的哈莱勒·纳吉教授，他致信库法大学文学院院长，促成了院长与我之间的合作，并助我确定了伊拉克境内穆太奈比流亡路线的坐标，尤其是艾阿库什和鲁海马地区。

最后，我还要感谢最后一次赴约旦和半岛北部地区考察时，与我并肩作战的所有同伴，这是最重要的一次考察，我们携手圆满完成了既定目标。

阿卜杜勒阿齐兹·本·纳赛尔·曼尼亚

自
序

重走逃亡之路

2008年，我有幸与同人应纳比勒·齐亚德·本·阿卜杜拉赫曼·苏德里博士的邀请，出席11月26日至28日在焦夫举办的阿卜杜拉赫曼·本·艾哈迈德·苏德里亲王论坛。论坛期间，我们受到了盛情款待，参观了焦夫省多处种植区和遗址。

齐亚德博士学识渊博，在参观期间他不吝赐教，不仅热情地为我们充当导游，还常常引用当地流传的广为人知的故事和诗歌，详尽地为宾客们介绍途经地区。我们参观布塞塔地区的种植场和橄榄树田时，齐亚德博士说，艾布·泰卜·穆太奈比曾途经此地，将其称为"布塞塔"，并写入他的诗歌中。当时我脑海中便浮现出《穆太奈比逃亡故事》一书，决定在返回利雅得后再仔细阅读一遍。我确实又读了一遍，而且下决心继续研究穆太奈比自埃及至伊拉克的逃亡故事并就此撰写研究报告。据我所知，尚未有学者就这个主题进行全面严谨的研究。

回到利雅得后，为了研究这个问题，我必须仔细阅读《穆太奈比逃亡故事》一书以及参考文献中列出的全部诗歌，并根据相关故事和诗歌的记载，在穆太奈比曾途经国家的当代地图中寻找他的逃亡路线。当然，阅读对我而言并无障碍，但是穆太奈比途经了四个国家，我应该从何处开始追寻他的足迹呢？

最终，我决定从阿拉伯半岛北部开始。

当时最能给予我帮助的部门当属沙特国防部军事测绘局。该部门拥有北部地区最完整、最详细、最精确的地图。

随后的一天早上，我带着穆太奈比的诗集前往军事测绘局拜见相关负责人，希望能得到该局的专业地图，以便我查询所需信息。我请求拜见局长，被告知他正在出差，副局长阿卜杜勒阿齐兹·欧贝达博士代其主持各项工作，我便请副局长的秘书为我通报约见。进入办公室后，我发现副局长面带笑容，极富修养。我向他表明来意，从他的答复中可以感到他完全理解我的意图，并且深知其中的重要性。他对我说："我建议您去国家地图中心找我（副局长时任该中心负责人），我们可以就此问题进行探讨，看看我能给您提供哪些帮助。"

他积极的态度无疑成为这项工作的良好开端，也起到了重要的推动作用。

过了一段时间，我前往国家地图中心拜访他。我相信在撰写有关穆太奈比的书时，他将助我一臂之力。我们的第一次会晤气氛非常友好，同时也是一场严谨的学术交流。他毕业于美国一所名校的测绘专业，这不仅让我更加放心，也更加渴望获得他的帮助。我们就这个话题进行了充分交流。在此后的一次会晤中，我斗胆提出，能否绘制覆盖面积更为广阔的沙特北部地图，涵盖西至亚喀巴湾、东至伊拉克边境的区域。他欣然同意，并许诺完成的日期。我在约定的日期赴约，见到了一张宽1.5米、长4米左右的地图，它尽可能详细地绘制了我所需要的沙特北部地区。

首次访问焦夫返回后不过数月，已经取得了这样的初步成绩，我的幸福与愉悦溢于言表：我拥有了穆太奈比在半岛北部逃亡路线的大范围地图，从此我便可以从更宽广的角度深入研究这个问题。

我带着这份最初的学术成果离去，坚信我会在很短的时间内完成我的设想。无论是在家中的书房，还是学校的办公室，我花了不少工夫研读文本，研究穆太奈比的生平材料和所著诗歌，并在地图上寻找他的足迹。但是几个月后，我发现这项工作非但没有顺利进展，反而愈加复杂困难。因为资料中提及的许多地区都与地图上的位置不符！

我该怎么办呢？

我思索良久后认为，仅仅依靠这些理论文本和非自身专业的地图，并不能帮助我实现目标。于是我下定决心，必须进行实地考察，亲自走访那些地区。虽然这项工作必定困难重重，但我摒除疑虑，决意迎难而上。

我决定从半岛北部地区出发，亲身体验和考证。

既然穆太奈比在从埃及前往库法的途中，曾途经阿拉伯半岛西北部的西斯马，那么我便从西斯马开始这段旅途。

雅古特（罗马诗人、语言学家、旅行家，生于伊历574/公历1178年、卒于伊历626/公历1229年，曾在巴格达生活并逝世于当地，最著名的著作为《列国志》）说："塔布克人能用肉眼看到西斯马。"

因此，我离开利雅得后的第一站便是塔布克，从塔布克向东前往焦夫，直至抵达半岛东北部最边缘的伊拉克边境。

2009年11月10日，在应邀前往焦夫约一年后，我开启了前往塔布克的实地研究之旅。我的兄弟马斯阿德·阿塔维博士当时正在塔布克，我将自己前往该地研究穆太奈比在沙特北部足迹的计划告诉了他。

马斯阿德博士是个豪爽的人，我带着所有关于穆太奈比足迹的理论材料前往塔布克后，他热情接待了我，并在次日晚上邀请了当地部分有识之士，与我共同探讨穆太奈比途经之处的地名，如"西斯马""卡卜达""基法夫""布维拉""阿莱姆""焦什""沙胡尔""朱麦伊""萨瓦尔""杰拉维""艾达里阿""纳格阿""泰尔班""巴亚德"等。

我并没有从讨论中得到太多自己想要了解的细节，随后马斯阿德博士又联系了尊敬的穆罕默德·萨利姆教授。穆罕默德教授在边境地区工作，他答应次日给我们寄一封手稿，标注位于塔布克和阿尔阿尔间的部分地点位置。他绘制的图在当时最接近穆太奈比途经之处真实的位置。我至今仍然保留着这位亲爱的兄弟手绘的路线图。

鉴于穆太奈比在继续向东流亡前曾在西斯马居住了一整个月，我也必须前往西斯马——这个仍存留在塔布克人心中的地方，它是我由西向东旅途的起点。

次日，我同马斯阿德·阿塔维博士一同前往西斯马。我从未见过如此美丽的山脉和大地，如此令人赞叹的遗址，大多数山峰上都刻有古老的巨型图案。当时我脑海里瞬间浮现出菲尔比的话，他说："阿拉伯半岛西北部就是一座知识的殿堂。"

我完全赞同他的说法！

虽然我被眼前的壮观之景所震撼，但这并不是我想要的。我正在寻找的是伊拉姆山——穆太奈比曾在这座山上的法扎拉部落逗留一个月之久。我推测伊拉姆山在西斯马北部靠近亚喀巴市的地方。因此，如果要前往伊拉姆山，就必须进入约旦境内。

我当时并没有考虑去约旦，而是在2009年11月12日早上坐飞机再次前往焦夫，继续进行对穆太奈比路线的初步研究。此前，我已经在西斯马开展了必要的走访、记录和拍摄。后来我发现，西斯马与穆太奈比的逃亡路线毫无关系！

我要在此说明的是，初次前往焦夫时，我见到了该地区的省长助理艾哈迈德·本·阿卜杜拉·阿勒谢赫教授，他是我的老同事、老朋友，在我1984至1986年担任美国加利福尼亚州教育办公室主任时，我们曾共事过，回国后我们也时常见面，但在他调往焦夫后，我们就再也没见过面。

这次在焦夫我们再次相聚，他仍像此前那般友好坦诚。

我回利雅得前将计划告诉了他，他表示愿意在各方面给予我帮助。如果没有他此后的大力支持和帮助，我不可能完成这项工作。

我再次来到焦夫，艾哈迈德教授已做好充分准备，陪同我考察穆太奈比曾经到过的地点和水源。我先后考察了阿莱姆、焦什（侯萨）、布塞塔、杰拉维、艾达里阿、杜马占德勒和萨瓦尔（又称苏维尔）等地。

在短短三天之内考察完上述地点，对我来说是一项重大的成就，有力地推动我继续完成此项学术工作。

最初我认为完成这部作品只需要参考有关史料和诗集，但后来发现这样远远不够，我还必须研究相关地图，才能将理论内容与实际地理位置结合起来。然而在我完成上述工作后，我再次意识到，我还必须进行实地考察。

在结束第二次焦夫之旅，回到利雅得后，我先后完成了理论研究、地理考据和实地勘察这三个层面的工作。一幅初步的穆太奈比逃亡路线图呈现在我眼前，尽管不甚精确，但属实是一个良好的开端。

我下定决心，开始对这条逃亡路线的第二段展开研究。这条路线共包括以下几段：

1.经福斯塔特（位于今开罗的古城）、比勒拜斯、西奈向东抵达艾莱（今亚喀巴）；

2.从亚喀巴北上至泰尔班，然后再南下至西斯马，随后至西北方向的拉斯萨万和巴亚德，接着向南至杜马占德勒，最后向东抵达苏维尔（又称萨瓦尔）；

3.从苏维尔到库法。

我决定暂缓考察从福斯塔特到亚喀巴的路线。在我看来这是他逃亡路线中最清晰的一段，因为这一段路上的城市和乡镇仍然存在。出于这样的考虑，我决定首先前往约旦，寻找能够帮助我厘清路线、距离和方向的地图，正如我对半岛北部开展的研究那样。

2010年2月8日，我前往约旦，这次行程我最希望的就是能获得约旦的详细地图，因为穆太奈比的足迹遍布约旦各地。2月9日，我拜访了这方面的权威机构——约旦皇家地理中心。中心对我的工作给予了支持，允许我查阅所需的全部地图，但是不得复制。

因此，我花了不少时间将穆太奈比在约旦境内蜿蜒的足迹绘成一幅临时性的概要图，并决定将其全部走访一遍。我租了一辆车，请了一位司机和一位向导。当时我计划先依据这份临时地图进行首次实地考察，将来获得其他协助和地图复件后，再进行一次或多次走访考证。

我从安曼出发，南下前往亚喀巴，这也是穆太奈比离开西奈后抵达的第一站。到达亚喀巴后，我首先向北到达古维拉——我至今仍然认为古维拉就是纳格阿，穆太奈比在此投奔泰伊部落的马安分支和辛比斯分支。随后我继续北上，先后抵达了泰尔班、加兰达勒，接着我追随穆太奈比的脚步朝南到达了西斯马，它位于亚喀巴的东部。

穆太奈比在西斯马逗留了整整一个月，迟迟不离开的原因似乎有迹可循：我在西斯马停留了一天，深感此处环境优美，气候宜人。西斯马的北部现在被称为拉姆谷地。我从西斯马向东先后抵达了卡卜达（瓦哈德）和拉斯萨万，然后前往西北方向的艾兹拉格，最后向西回到了安曼。

纵然旅途劳顿，但每当我想起行程中的收获，内心都洋溢着喜悦和幸福。

从安曼到亚喀巴的途中，我在一个叫加兰达勒的小村庄稍作停留。我对这个村庄的位置感到困惑，因为穆太奈比取水的加兰达勒村不应该在这里，而应位于泰尔班山。这两地相距甚远，我为什么会在这里发现加兰达勒村呢？后来我才知道，两个村庄恰好同名，前一处加兰达勒曾是卡拉克和舒巴克地区的首府，后一处加兰达勒则是穆太奈比从泰尔班返回时取水的村庄。

但是这处水源地如今只剩寥寥几棵椰枣树和少量灌木丛了。我在安曼停留了几天，试图获取所需的地图未果，因为它必须通过约旦的官方机构才能申请获取。于是两周之后，也就是2010年2月26日，我又一次从利雅得前往安曼，因为这些地图对我的工作来说不可或缺，而这次我如愿得到了所需地图。

取得这些成果后，我在利雅得停留了一段时间，其间我再次前往国家地图中心，与中心主任欧贝达博士进行探讨，尤其是对穆太奈比在沙特北部和约旦逃亡路线勘探所取得的成果进行了讨论。同时，我也向他坦言自己所需的帮助，即从地理学的角度研究路线，精准确定相关的标识和位置及其坐标，绘制一张地图，并根据权威的学术准则在地图上标注路线。

欧贝达博士答应了我的请求，也确定了我是真心希望出版这样一部严谨的学术著作，为这位伟大诗人的生平增添新的重要著述。他看着我说道："我将同你一起实地走访，借助专业照片和虚拟航拍技术考证所有内容。"

他的话让我难以置信！我欣喜若狂。此前我只期望他能够派遣一名职员提供协助，或是向我推荐一些辅助设备。他的决定是对我这项工作最大的支持！我告辞离去，并与他约定将再次拜访，以确定实地考察的日期。

我们将考察约旦和沙特北部地区，这是穆太奈比流亡路线最难以精准确认的部分。

我再次拜访了他，我们决定于2010年4月27日起程。

我致电另一位兄弟，即焦夫省省长助理艾哈迈德·阿勒谢赫，与他商定了我们抵达塔布克的日期，我们将从亚喀巴附近的穆道乌拉乡进入约旦。亚喀巴是穆太奈比在约旦境内向北逃至泰尔班的首站。

我们在晚间抵达塔布克，随即乘车前往哈格勒，在那里过夜。次日早上，我们前往边境。在进入约旦境内后我遇到了第二份惊喜，我的兄弟艾哈迈德·阿勒谢赫为我们准备了意想不到的礼物。

在我们面前，是七辆装备齐全，能够满足旅行者各项需求的车辆，比装备更为重要的是十余位包括向导在内的勇士。

从进入约旦到返回利雅得，在这趟为期五天的行程中，我们没有住过一晚酒店，也没在餐厅用过一次餐，但我们不仅收获了旅途中的迷人风景，还取得了重要的学术成果。

如果没有欧贝达博士和艾哈迈德·阿勒谢赫的帮助，我们最多有些微不足道的收获，远不能取得如此巨大的成就。

我们每到一处都会进行拍摄、测量坐标和绘制路线图。

我们从泰尔班开始，接着是加兰达勒，然后向南到达西斯马，向东到达卡卜达（瓦哈德），向西北到达拉斯萨万，随后又南下到达基法夫，最后我们折回位于边境的古雷亚特乡离开约旦。在那之后我们来到布塞塔，确定了阿莱姆和焦什的位置，接着我们依次考察了布塞塔、杰拉维、艾达里阿、杜马占德勒、苏维尔、沙胡尔（或称马胡尔或马古尔）——我们在短短五天内竟完成了如此繁重的工作。

我们想找到朱麦伊水源的位置，但这项工作难度很大。后来我又独自前去考察过一次，将在下文中进行详细叙述。

首先我们分头行动。

欧贝达博士与利雅得同往的两名随行人员——即坐标学专家法赫德·扎赫拉尼及其助手艾曼·图维勒，乘车前往哈伊勒。艾哈迈德·阿勒谢赫在陪同我们考察后返回工作地，他不仅慷慨友善，还因工作原因对半岛北部地区了如指掌。

我则乘车前往400公里外的塔布克，考察非常想了解的西斯马南边的鲁兹山，以便验证我在与本项目有关的拉姆谷地研究中，对"西斯马"一词的解释是否准确。

随后我返回利雅得。

我在利雅得停留了四周左右，以愉悦的心情对手头关于约旦和半岛北部路线的材料进行深入研究。

在对约旦方面正如穆太奈比离开西奈，进入卡夫尔统治下的沙姆地区南部曾犹豫前往何处时那样，我也犹豫不决。穆太奈比曾在诗中写道：

在尼卡卜，我们让骆驼选择，是去水之谷，还是去村之谷。

我不禁想问：水之谷在哪里？穆太奈比是经由水之谷前往东北方向的库法吗？

经过一番查找，我发现在叙利亚代尔祖尔东南方向有一条溪流。我自言自语道："难道就是这里？那穆太奈比又是如何从代尔祖尔前往库法的呢？"

我决定亲自前去探究。

但我拿不定主意：到底是从大马士革过去，还是从安曼过去。

我最终决定从安曼出发，因为通过上次的安曼之行，我结识了当地的司机和向导。

2010年6月3日，我到了安曼，次日清晨，我与司机、向导经迪尔阿口岸前往叙利亚，我们从迪尔阿去往叙利亚和约旦的南部边境地区。我们在下午4点左右抵达水之谷：当时我们在一处农场停了下来，只见农场前立着一块牌子，上面写着"水之谷"。

这个地方离叙利亚和伊拉克边境的阿布凯马勒市只有几公里，我可以看到指向阿布凯马勒的路标。

我向农场主请教，从他的回答中得知，这个谷地发源于叙利亚西北部，向东南延伸进入伊拉克境内，在伊境内的部分面积广阔。

我对他说："那么这就是穆太奈比到过的谷地了。"

我拍摄了地名标牌，与农场主以及他的孩子们合影，他们用一种金属材质的碗给我们端来了凉水。自之前在清真寺旁如此饮水后，我已经很久没用这种方式喝过水了！

我们从水之谷返回，在台德莫尔的伟大遗迹附近过夜。在这里，人类可以见证永垂不朽的建筑成就。

随后我经安曼回到利雅得。

读者可能会问："你考证了水之谷，那村之谷呢？"

这是因为对水之谷的考证已经占用了大量篇幅，而关于村之谷我们只有少许资料用以展开推测，因而不再赘述。希望关于水之谷的详细介绍已经能够满足各位读者的好奇心。

这次我在利雅得待了将近一个月，在研究了手头的材料后，我将目光转向开罗，转向穆太奈比逃亡的起点。

2010年7月9日，我前往开罗，着手开展以下工作：

1.寻找相关的地图。

2.参观各个想要了解的地方：卡夫尔故居遗址和与之毗邻的穆太奈比埃及故居。而参观穆太奈比故居之后，我对他在埃及的居住和生活情况更为同情了。

3.从福斯塔特出发，前往东北方向的比勒拜斯。我认为比勒拜斯是穆太奈比离开开罗后的首站，他在比勒拜斯受到了埃米尔哈扎阿·阿卜杜勒阿齐兹·哈扎阿的款待。随后，穆太奈比向东抵达伊斯梅利亚南部，与帮助他的哈扎伊一同进入西奈荒漠。

4.由西向东横跨西奈：从苏伊士地区到亚喀巴湾。

由于身兼利雅得一所大学的授课工作，我并未计划一次性完成上述所有这些工作。除非是专职调研，否则没有人能够将这么多工作一蹴而就。

我开始在开罗寻找地图。

我在图书馆查找，又购买了市面上可以找到的全部关于埃及的地图，特别是西奈半岛的地图，但我获得的绝大部分地图都是商业地图。

于是我效仿在利雅得和安曼的做法，寻求专业机构——即军事测绘部门的帮助。但是我却被告知，获取这些地图是非法的。这其实在我预料之内，尤其是我所需的地图涉及西奈半岛，这个地区在政治上的敏感性是众所周知的。因此，我放弃了与该部门取得联系的想法，而寄希望于手头已经获得的材料。这背后的一个原因是穆太奈比从开罗前往比勒拜斯，向东到达伊斯梅利亚南部，然后向南到达沙阿维大道，随后到丹纳赫勒附近和萨马德，最后抵达亚喀巴。我曾说过，上述地区至今仍是人们居住的城市、乡镇或村庄，无须像约旦或半岛北部的其他地区那样进行大量的考证。但是此次考察的结果却不尽如人意。

我随后返回了利雅得。

在利雅得短暂停留后，我决定再次前往开罗，主要是为了完成两项工作：一是考察穆太奈比部分故居和卡夫尔宫殿的遗址；二是重走穆太奈比的逃亡之路，从开罗到比勒拜斯，然后向东前往伊斯梅利亚南部。穆太奈比从该地南下进入西奈，向东横穿西奈到达拉斯纳格卜，最后在亚喀巴面临何去何从的选择。

2010年11月12日，我再次前往开罗，并决定将上述工作分两次完成，这次先寻找穆太奈比故居，下一次再穿越西奈。

1952年，已故的拉姆齐教授曾在《使命》杂志发表过一篇关于穆太奈比旅途的文章，他在文章中提到了卡夫尔的住所，并且推测了穆太奈比在福斯塔特居所的大致位置。

这些信息极具吸引力。穆太奈比曾在他的诗中提及古老的清真寺（阿姆鲁·本·阿斯清真寺）和至高清真寺（伊本·图伦清真寺）。后者被称为至高清真寺，或许是缘于它建在巴尼耶什卡尔山上。

穆太奈比曾说，卡夫尔为他腾出了一座院子，配备了仆人为他服务，同时也监视他的一举一动。

数日来，我奔波于拉姆齐教授推测的卡夫尔和诗人穆太奈比的故居。马格里齐等人认为，卡夫尔将其宫殿建于图伦王朝宫殿的遗址之上。而拉姆齐教授则说："我们认为，穆太奈比在埃及生活期间，伊本·图伦清真寺所在地区，当时是伊本·图伦宫殿的废墟，而卡夫尔则将自己的宫殿建于其上。伊本·图伦清真寺毗邻两个池塘，一是费勒池塘，二是卡伦池塘。而穆太奈比曾经居住并大为赞颂的院子离清真寺不远。"

他还指出："穆太奈比在福斯塔特两座池塘间的宫殿度过了他在埃及的时光。"

我认为，这些场所早已全部消失，穆太奈比在福斯塔特古城的足迹只剩下伊本·图伦清真寺和阿姆鲁·本·阿斯清真寺这两座伟大的清真寺了。穆太奈比可能是在伊本·图伦清真寺中与卡夫尔相见并一起礼拜。同时，穆太奈比也可能在这两座清真寺中与他诗作的读者、阐释者和批判者见面。

走在这两座清真寺间，我似乎看到穆太奈比的身影，仿佛他正在前往或离开伊本·图伦清真寺的路上。这是一种奇妙的感觉，好像我穿越到了古代，来到了卡夫尔和穆太奈比的时代！

停留数日后，我认为已对这个地方的各项概况有所了解，便决定从伊本·图伦清真寺开始我的旅程，这里正是961年（伊历350年）宰牲节之夜穆太奈比逃亡的起点。

我租了一辆车，雇了一位司机和一位熟路的导游，向东北方向的比勒拜斯出发。当然，我并不奢望能够在那里找到穆太奈比的帮助者——阿卜杜勒阿齐兹·哈扎伊的居所。但我认为重走这条路线是非常重要的。

在比勒拜斯这座大城市中，我没有发现任何有价值的事物。城中最重要的建筑或许就是伊历18年建造的萨达特·古莱士清真寺和伊历19年建造的埃米尔·杰尤什清真寺。我决定从比勒拜斯向东出发，考察穆太奈比和哈扎伊如何从伊斯梅利亚南部到达大苦湖北部，然后进入西奈半岛，随后先向南再向东从而抵达亚喀巴湾沿岸的拉斯纳格卜的。

我到达伊斯梅利亚南部后便返回了，近代开凿的苏伊士运河横贯在我面前，我没有前往运河的东岸。

我还剩下一项重要的任务，那就是完成从西到东横穿西奈半岛。

但是我不得不返回利雅得完成教学等工作，将这项任务留待下次。

值得一提的是，在2010年4月我第二次去阿拉伯半岛北部时，我们一行人在沙胡尔停留，寻找穆太奈比进入伊拉克前提到的最后一处水源，即朱麦伊水源。令人遗憾的是，虽然我们很熟悉这个区域，但是并没有找到这处水源。阿洛伊斯·穆齐尔在其所著的《阿拉伯沙漠》一书中也曾提到过这处水源。

我的兄弟艾哈迈德·阿勒谢赫表示，他会向当地有识之士请教咨询，然后给我来电。

在我准备第二次前往开罗专门穿越西奈半岛前，艾哈迈德·阿勒谢赫给我打来电话，表示他已经找到了朱麦伊水源。

2010年8月5日，我决定前往焦夫考察朱麦伊水源。我和艾哈迈德·阿勒谢赫兄弟一同前往乌姆汉萨尔乡，希望能够见到乌拉伊斯·米吉拉德教授及乡长——他们二人知道水源的位置。遗憾的是，我们最终未能得以相见。但乌拉伊斯教授随后为我绘制了当地及周边地区的详细地图，并附上了不少图片，特别是至今仍然水源充足的胡利卡水井。

在寻找朱麦伊当天的傍晚，我们回到阿尔阿尔市。当地一位名士谢赫苏莱曼·穆海莱卜坚持邀请我们前去做客。正是这一晚，为我了解从伊拉克边境至库法的路线打开了一扇大门！

众所周知，当时伊拉克的安全局势严峻，我无法进入其境内。但是为了完成逃亡路线图，我必须找到一种科学的方法，获取剩余路段全部地区或至少部分地区的坐标和图片。

这些地区包括：巴里特、艾阿库什、鲁海迈、丹纳和库法。

得益于两位贵人的帮助，我完成了这项工作。一位是已故的大学者哈莱勒·纳吉教授，他曾是我的挚友，我们虽然从未见面，但有着深厚的学术友谊。他当时住在伊拉克库尔德斯坦地区。我打电话向他抱怨无法进入伊拉克，但我又急需穆太奈比在伊拉克境内逃亡时途经的上述地区的坐标。

于是他马上联系了库法大学文学院院长，向后者交代了我所需要的资料。文学院院长阿拉·侯赛因·鲁海米教授通过邮件与我取得联系，为我提供了标有丹纳以外地区坐标的地图——阿拉教授也没有查到丹纳的具体位置。

由于鲁海米院长来自鲁海马地区，所以我更加相信他所提供的信息是准确的。鲁海马地区是穆太奈比进入库法城前的最后一站，他在那里也留下了脍炙人口的诗句。

既然我已经得到了这些地点的坐标，那么相关图片又从哪里获取呢？在谢赫苏莱曼·穆海莱卜位于阿尔阿尔的家中，我见到了另一位尊敬的兄弟——图尔基·哈米斯教授，他是一位高洁之士。我们聊到了我正在开展的研究，我向他介绍了关于穆太奈比在伊拉克境内路线研究的进度，表示目前只缺少相关的图片材料。图尔基教授当场提出由他负责拍摄这些地区的照片，因为他经常前往伊拉克。他果然兑现了承诺，拍摄了部分巴里特、艾卡库什、鲁海马和库法水井的照片，对此我深表谢意。

伊拉克境内路线研究取得的成果为整个项目创造了极好的开端，让我们对穆太奈比从福斯塔特到库法的路线有了非常清楚的认识。

返回利雅得后我逗留了大约两个月，随后决定穿越西奈半岛的荒野，继续探寻穆太奈比的足迹。

2010年10月26日，我前往开罗，租了一辆车并雇了司机和向导。我们向苏伊士湾出发，穿越苏伊士运河隧道，来到历史上穆太奈比沿苦湖向东南方向逃亡时抵达的埃及朝觐之路。这条路的起点在西奈半岛苏伊士湾的源头处。我们追随穆太奈比的脚步南下抵达沙阿维路，随后向东前进。我在途中寻找一处叫"纳吉赫泰尔"的地方，然而一路询问遇见的半岛阿拉伯居民却一无所获。我的向导除了公路位置其他一无所知，但至少他能够发挥保镖的作用！

我一直为此感到惆怅，只能对自己说："我一定能够找到。"

我在途中拍摄了沙欧里山的照片。随后我们继续前进，中途经过了西奈半岛中部的纳赫勒村，然后抵达了萨马德。

接下来我们向东前往拉斯纳格卜，穆太奈比曾做客于当地的巴努苏莱姆部落。如果不是因为边境问题的阻碍，我一定会重走穆太奈比在拉斯纳格卜的逃亡之路。我们向东到达塔巴并在那过夜。虽然天色已晚，但从宾馆远眺，我还是能够清楚地望到亚喀巴东岸的哈格勒、亚喀巴和伊莱特三地，这说明拉斯纳格卜就在我北方不远处。

我随后返回利雅得。

还有我没考察过的水源地吗？当然！还有两处无法轻易到达的水源地：一处是穆太奈比在其诗歌中曾提及的布维拉，还有一处是穆太奈比在诗句注释中曾提及的纳吉赫泰尔。

关于布维拉，根据对穆太奈比从拉斯萨万到加达谷地路线的研究，我推测它就是加达谷地附近的艾克瓦利。穆太奈比在诗中写道：

布维拉就在加达谷地旁。

我认为，艾克瓦利就是今天的库勒瓦，也就是说，库勒瓦就是布维拉，这是位于布塞塔北部的加达山区中的一处定居点。2011年4月20日，我决定对布维拉进行考察。于是我坐飞机前往焦夫，在艾哈迈德·阿勒谢赫教授的陪同下一早从焦夫出发，我们穿过塔比格山中加达谷地的出口（艾布塔勒赫）到达这处定居点，也就是现在的库勒瓦。

那里有一间普通的房子，房子的墙上刻着以古代库法体书写的文字。这里的水井口正如萨巴·法里斯博士所说——极其狭小，每一口水井的面积都不超过两平方米。或许穆太奈比正因此将此处称为布维拉（阿拉伯语中"布维拉"是"水井"的指小名词。——译者注），抑或如马格迪西（伊历380年逝世）所说，因为水质不良，所以以此命名表示轻蔑。

第二个水源就是纳吉赫泰尔，如果不亲自找到它或知晓它的位置，我于心难安。

2011年3月18日，我再次前往开罗，寻找能够指示纳吉赫泰尔位置的新地图。虽然我没有找到任何有效信息，但是一位地图专家向我承诺，将为我提供西奈半岛的官方地图，或许能在那份地图上找到我搜寻已久之地。

在等待这份地图的同时，我也再次进入西奈半岛寻找纳吉赫泰尔，但无功而返。同时，那位朋友也没能找到我需要的地图，但是他表示一旦找到会立刻寄给我。

我带着这一丝希望回到利雅得。过了一段时间，我果然收到了这份地图，我在上面找到了一处地点，地名可能是"拉斯伊本纳吉阿山"或"伊本纳吉阿"或"纳吉赫泰尔"，它位于沙阿维山西南部入口处，正是穆太奈比流亡路线上提及的方位！

我难以置信！

就是那里。

我立刻联系沙特地图中心，编制了一份路线图。在完成编制和初版印刷后，我决定着手撰写本书。

我经常会吟诵伊本·鲁米的诗句：

你斥我有瑕疵，但人人皆如此。谁能予人完美？

阿卜杜勒阿齐兹·本·纳赛尔·曼尼亚

利雅得

公历2016年/伊历1437年

目录

两宫^①间的穆太奈比

我经常吟诵穆太奈比的一句诗：

> 我自闭目养神，金句油然而生；他人通宵达旦，却已词
> 穷墨尽。^②

伊本·拉希格亦称："穆太奈比是人间奇才，令人羡慕。"^③
保佑穆太奈比！

这位伟大的诗人，堪称阿拉伯诗歌天才，其诗才无人能及。
他的诗作从古至今都受到极大关注，人们对其褒贬不一、毁誉参
半，对其诗句进行阐释和批判的严肃性学术著作多达六十余部。

穆太奈比对自己的才华和地位亦引以为豪，能够得到他的认
可、让他赋诗赞美的人也是屈指可数。

当艾布·阿拉·麦阿里^④想要引用某位诗人的诗句时，通常会
说，艾布·努瓦斯曾说，或艾布·泰马姆曾说，或巴赫泰里曾说，

---

① 两宫：此处指赛义夫·道莱宫廷和卡夫尔宫廷。——译者注
② 参见《穆太奈比诗集》，第323页。本书中引用穆太奈比的诗歌均出自阿卜
杜勒瓦哈卜·阿扎姆收集和考证的《穆太奈比诗集》，由开曼编著、翻译和出版委
员会于伊历1363年/公历1944年出版。
③ 参见伊本·拉希格著《支柱》，第1册，第100页。
④ 当艾布·阿拉·麦阿里（973—1057），阿拉伯盲人哲学家、诗人、作家。

但是当他想要引用穆太奈比的诗句时，他则会说"诗人说过！"[1]这足以证明穆太奈比在诗坛无可比拟的地位。

他就是"诗人"的代名词，而其他诗人毫无疑问都难以望其项背。

麦阿里曾谈到穆太奈比著名的诗句：

盲人聚精会神阅读我的作品，聋人侧耳倾听我的诗词。[2]

他说道："这就像穆太奈比在幽冥中看着我一样。"[3]

麦阿里倾尽自己的热爱和学识，对穆太奈比的诗集进行了深入细致的阐释，在这方面可谓无人能及，他将注释穆太奈比诗集的作品命名为《亲爱的闪耀者》。

麦阿里撰写了三部著作，分别对艾布·泰马姆、巴赫泰里和穆太奈比的诗歌进行评析。从他对这三部作品的命名中可以清晰地感受到他对三人诗作的评价。

艾布·泰马姆的诗歌好似爱人，书名为《爱人的回忆》。

巴赫泰里的诗歌是轻快的，书名为《初生者的顽皮》。

而穆太奈比的诗歌则是非同寻常的，书名为《艾哈迈德的奇迹》。

麦阿里对穆太奈比的钦佩可谓溢于言表。

穆太奈比创作赞诗亦水平高超。穆太奈比在诗歌界初露头角应该是在拉姆拉埃米尔穆罕默德·本·突格杰·伊赫什德的

---

[1] 参见雅古特著《穆太奈比生平》，第661页。
[2] 参见《穆太奈比诗集》，第323页。
[3] 参见伊本·哈尔坎著《历代显贵名流生平》，第1册，第114页。

宫中，他创作了多首赞美埃米尔的诗歌。当时埃米尔穆罕默德·本·突格杰的一位幕僚——著名文人塔希尔·本·侯赛因·阿拉维请穆太奈比为自己作一首赞诗，但是穆太奈比并不喜欢阿拉维家族的人，正如此后在库法时那样，拒绝了他的要求。然而在穆罕默德·本·突格杰的再三要求下，穆太奈比不得不答应塔希尔·阿拉维的要求作诗一首。这首诗表面上在赞美塔希尔，实则是对他的讽刺。此外，穆太奈比还提出了一个要求，即与塔希尔交换位置。塔希尔为了让穆太奈比创作这首赞诗，答应了他的要求，在穆太奈比作诗之时坐在他旁边：

　　将清晨还给我，清晨就在乳房高耸的姑娘间；将夜晚还给我，夜晚就在我亲爱的姑娘们身边。[①]

　　此后，当穆太奈比经过黎巴嫩城市的黎波里时，地方统治者伊本·凯耶格莱格请他为自己作一首赞诗。但是穆太奈比认为此人丝毫没有值得赞美之处，便拒绝了他的要求。穆太奈比还立下誓言，今生不再赞美任何一个人！

　　为了报复穆太奈比，伊本·凯耶格莱格试图软禁他。但是穆太奈比设法逃离了当地，他不仅没有赞美伊本·凯耶格莱格，反而在一首颇具羞辱性的诗中对他进行讽刺，该诗开头写道：

　　我不知心中的爱慕从何而来，或许偶然的一瞥让我为之臣服。[②]

---

① 参见《穆太奈比诗集》，第209页。
② 参见《穆太奈比诗集》，第217页。

穆太奈比曾提及这首诗，他说道："如果在创作这首诗前我就离开了伊本·凯耶格莱格，我根本不会写这首诗！我不会浪费自己的诗词。"①

为什么穆太奈比拒绝赞颂别人，尤其是他赞颂后还能获得丰厚的报酬？这或许是因为他的志向并不局限于金钱，而更希望获得一块精神上的领地。除此之外，还有另外一个藏于穆太奈比内心深处的原因，我将在下文揭晓。

穆太奈比身在赛义夫·道莱的宫中，他们俩如何相遇，又为何分道扬镳？

当时赛义夫·道莱的堂兄弟艾布·阿沙伊尔·本·哈姆丹是安条克地区的统治者，他也是穆太奈比成名初期最主要的追捧者之一。穆太奈比在艾布·阿沙伊尔处居住了一段时间，赋诗多首，让艾布·阿沙伊尔对他本人及其诗作钦佩不已。伊历337年，赛义夫·道莱视察安条克时，艾布·阿沙伊尔将穆太奈比介绍给他，并对穆太奈比本人及其诗歌大加赞扬，推荐穆太奈比担任赛义夫·道莱的宫廷诗人。

赛义夫·道莱非常喜欢诗歌和诗人。穆太奈比在初次见到赛义夫·道莱时向他提出了一个条件，那就是当他作诗赞颂赛义夫·道莱之时，必须是以端坐之姿，而不是卑躬屈膝的丑态。②赛义夫·道莱答应了他的条件。穆太奈比随即创作了第一首赞颂赛义夫·道莱的诗：

承诺就像是人，衰老时最令人忧伤；得道多助，如果你

---

① 参见《穆太奈比诗集》，第217页。
② 参见雅古特著《穆太奈比生平》，第664页。

们伤心，那就一起哭泣吧！①

赛义夫·道莱非常喜欢这首诗，任命穆太奈比为自己的宫廷诗人。②

另一方面，穆太奈比确信赛义夫·道莱能助自己平步青云、实现身居要职之宏图，至少也能让自己成为以阿勒颇为中心的哈姆达尼王朝某个小王国的统治者。一人爱诗惜才，一人志向远大，因此在伊历337年至345年间，两人相处融洽。

穆太奈比在阿勒颇期间，宫廷内有大量的诗人、学者和专司赞美赛义夫·道莱的人，但是他们在赛义夫·道莱心中的地位都不及穆太奈比。我们甚至可以从史料中发现，由于赛义夫·道莱过于亲近穆太奈比，他的堂兄弟、诗人艾布·法拉斯·哈姆达尼妒火中烧，经常在赛义夫·道莱处诋毁穆太奈比，称"此人信口开河，对你影响太大"③。

当这些谗言传到穆太奈比耳中后，他在伊历341年创作了这首脍炙人口的诗：

战马、黑夜、荒野，我都如此熟悉；战斗、箭靶、笔杆，亦常伴我左右。④

---

① 参见《穆太奈比诗集》，第242页。
② 参见伊本·阿舒尔著《伊斯法哈尼前传》，第9—10页；参见巴迪伊著《穆太奈比生平之预言的清晨》，第71页。
③ 参见雅古特著《穆太奈比生平》，第667—666页；参见巴迪伊著《穆太奈比生平之预言的清晨》，第87页。
④ 参见《穆太奈比诗集》，第324页。

据传，当艾布·法拉斯听闻这首诗后，对穆太奈比说："既然你把自己描述得如此英勇善辩、领导有方、宽宏大量，那你为什么还要留在埃米尔身边？"[1]穆太奈比立刻回应道："如果对我的谗言让你们高兴，那么我就不会从中感到痛苦。"

熟知穆太奈比生平的人都坚信，与赛义夫·道莱宫廷中同时代的诗人相比，他毫无疑问是最杰出的那位。只有穆太奈比的诗歌真正实现了流芳百世，而其他诗人的作品却湮没在历史长河中——这并不令人感到奇怪。既然赛义夫·道莱给予穆太奈比如此地位，穆太奈比也曾决定留在其宫中，那么他之后又为何选择了离开呢？

这背后有着许多相互关联的原因，其中最主要的原因是其他诗人的妒忌。

如果穆太奈比只与艾布·法拉斯存在矛盾，这或许并不足以成为一个问题。但是，穆太奈比在他的诗中还曾抱怨过其他妒忌自己的诗人，例如伊历341年，他在自己一首著名的诗中如此说道：

> 无论你用什么辞藻来表达诗意，都只不过是装腔作势，
> 无论是阿拉伯语还是其他语言。[2]

穆太奈比在伊历342年创作的一首诗中还说道：

> 那些中伤我的话，连同说这些话的人，都是毫无根源的。
> 那不过是嫉妒者的顽疾，一旦在其心中扎根，便无法解除。[3]

---

[1] 参见《穆太奈比诗集》，第324页。
[2] 参见《穆太奈比诗集》，第325页。
[3] 参见《穆太奈比诗集》，第352页。

他在同年创作的另一首诗中说道：

消除嫉妒者对我的妒火吧，是你让我受到他们的嫉妒。①
（此句是对赛义夫·道莱说的。——译者注）

穆太奈比还在伊历343年创作的一首诗中说道：

每天都有心胸狭隘的小诗人，才华不及我，诗句也难与
我匹敌。②

赛义夫·道莱的宫廷诗人们对穆太奈比的嫉妒，令其内心烦恼不已。同时，赛义夫·道莱也没有保护穆太奈比免受妒火之伤害，更让穆太奈比心生离开之意。

穆太奈比与赛义夫·道莱分道扬镳，还与语言学家艾布·泰卜和伊本·哈鲁维亚的传奇故事有关。

相传，阿卜杜勒穆赫辛·本·阿里表示，他父亲曾对自己说："当时我与赛义夫·道莱、语言学家艾布·泰卜和语法学家艾布·阿卜杜拉·伊本·哈鲁维亚在一起。大家谈到一个语言问题，哈鲁维亚和语言学家艾布·泰卜分别对此发表了观点，但穆太奈比保持沉默。赛义夫·道莱便问他：'穆太奈比，你怎么看？'穆太奈比的观点倾向于语言学家艾布·泰卜，而不赞同哈鲁维亚，后者随即从袖中取出一把钥匙作势要击打穆太奈比。穆太奈呵斥道：'闭嘴，你真该吃点苦头！你不是阿拉伯人，你是胡兹（位于今伊

---

① 参见《穆太奈比诗集》，第361页。
② 参见《穆太奈比诗集》，第366页。

朗境内。——译者注）人，你有什么资格讨论阿拉伯语？'"①

伊本·哈鲁维亚用这把钥匙打了穆太奈比的脸，鲜血从他脸上一直流到袍子上。更让穆太奈比气愤的是，赛义夫·道莱对此无动于衷，非但没有阻止伊本·哈鲁维亚，甚至连斥责都没有。这也是穆太奈比想要离去的原因之一。

赛义夫·道莱向穆太奈比询问这个语言学相关的问题，自然是因为他相信这位诗人精通语言。

与穆太奈比同时代的著名语言学家、语法学家艾布·阿里·法里希也对穆太奈比的渊博学识深感钦佩，他说："我曾问穆太奈比，阿拉伯语里有几个复数名词是فُعْلَى形式的？"

穆太奈比不假思索地回答说："有两个！"

艾布·阿里此后对他人说道："果然！我花了整整三个夜晚都没有找到第三个该词形的复数名词！"②

我认为，穆太奈比最终出走前曾在那首著名的诗中提及自己离去的决心，正是出于对这种压迫感的反抗。他在伊历341年所作的诗中写道：

> 谁能强迫我们离开？我们争辩一切，最终选择告别。
>
> 但我们没有感到悲伤或流泪，那些告别之人才该后悔。
>
> 如果我们离开并且确定再也没有重逢，那么我们告别之人，才是真正的离去者。③

---

① 参见雅古特著《穆太奈比生平》，第664页；参见伊本·阿迪姆著《阿勒颇历史识知》，第2册，第674页；参见巴迪伊著《穆太奈比生平之预言的清晨》，第87页。

② 参见巴迪伊著《穆太奈比生平之预言的清晨》，第143页。

③ 参见《穆太奈比诗集》，第324页。

这些诗句充分体现出穆太奈比的心境，他在赛义夫·道莱面前的自信，以及他对自己诗作的自信。

他觉得在赛义夫·道莱的宫中无法实现自己的抱负，甚至当他遭到殴打时，赛义夫·道莱都没有挺身而出，那还有什么留下的意义呢？

据说穆太奈比迷恋赛义夫·道莱的妹妹豪莱，但未能如愿娶她为妻，这也可能是穆太奈比离开阿勒颇的另一个原因。

如果穆太奈比确实暗恋豪莱，那么在他离开阿勒颇之前都将这股爱意藏于心中，直到离开赛义夫·道莱和卡夫尔两人的宫廷后，在伊历352年为豪莱写的悼诗中才得以全部展现。穆太奈比深藏的爱意在哀悼中爆发，他痛哭流涕，即使在他最爱的祖母去世时也没有流下如此汹涌的眼泪。与其说这是一首哀悼诗，不如称其为一首爱情诗：

　　　　噩耗跨越半岛传入我耳中，我惊愕不已只盼这是谣言。

　　　　当消息得到证实，当我的希望破灭，汹涌的泪水几乎将我淹没。

　　　　似乎豪莱从未让伊拉克和沙姆为之折服，似乎什么都没有留下。

　　　　听闻她的死讯，我在伊拉克彻夜难眠，她在阿勒颇的兄弟又将如何度过。

　　　　深陷悲痛的人，他已无法思考和哭泣。

　　　　人们以为我的心没有被炙烤，以为我的泪不会倾泻。

　　　　不，我以她的圣洁发誓。

随后穆太奈比在诗中对豪莱的女伴们说：

你们只目睹她的美貌，只有真主才深知她的善良。

多么希望你是那颗太阳，东起而西落，即便落下也不曾
离开。

我没有提及她的好，我只是一味哭泣。但我对她的情愫，绝非无中生有。

穆太奈比就这样在这首诗中表达了哀悼和情意：

曾在宫中狂欢，今在伊拉克悲痛，

他的心在灼烧，他的泪在倾泻。

他为祭奠豪莱而哭泣。

一人在伊拉克孤枕难眠，

一人在阿勒颇夜不能寐，

两位深爱她的人：一个在伊拉克，一个在阿勒颇。

但是两地两人之爱，亦有所不同。

伊拉克的那个人，他悲痛不已，心在灼烧。

他念念不忘豪莱的美与好，

凡爱均有源头。[①]

鉴于穆太奈比当时已经离开了赛义夫·道莱，这首悼诗或情诗绝不是为了恭维或吹捧他，而是有事再次触发了穆太奈比深藏的情感才得以问世。豪莱是穆太奈比的灵感源泉，穆太奈比未能迎娶她，更增添了他对无法在赛义夫·道莱宫中大展宏图的失

---

① 参见《穆太奈比诗集》，第423—424页。

望，从而离开了阿勒颇。

没有使穆太奈比实现管理一方疆土的抱负，也是穆太奈比离开赛义夫·道莱的原因之一。

穆太奈比对赛义夫·道莱的失望至极体现在他与伊本·金尼的对话中，充分表明他对赛义夫·道莱的不满已达到巅峰，他在诗句中流露出这种情感。

> 伊本·金尼说："我读了穆太奈比赞美卡夫尔的诗，'我想战胜对你的思念，但思念战胜了我；我喜欢迁徙，但是相遇让我欣喜若狂'。当我听到'这该死的世界，旅行者栖息的地方，但凡志向高远者，都备受折磨'这句诗时，我对穆太奈比说：'这样的诗句只能用来赞颂赛义夫·道莱！'穆太奈比回答道：'我提醒了他那么多次都毫无效果，难道我没有对他说过，慷慨的人啊，将你的钱赐予别人吧，但是不要把我的诗给他们。正是因为赛义夫·道莱不加区分、安排不当，把我拱手让给了卡夫尔！'[①]"[②]

或许就是这些原因交织在一起，促使穆太奈比离开了赛义夫·道莱，寻找另一位能够帮助他实现抱负的人物，从而满足他内心对古老的阿拉维和库法事业的追求。

穆太奈比因此决意离开赛义夫·道莱，投奔卡夫尔！

---

① 参见雅古特著《穆太奈比生平》，第665页。
② 参见伊本·阿迪姆著《阿勒颇历史求知》，第673页。

在卡夫尔宫中

——志向远大，再度失望

　　穆太奈比离开赛义夫·道莱的宫廷，途经杜梅兰，于伊历346年成为拉马拉埃米尔艾布·穆罕默德·哈桑·本·塔格吉（逝于伊历371年）的座上宾，作诗赞颂这位埃米尔，后者也给予穆太奈比盛情款待。伊历346年年中，卡夫尔邀请穆太奈比前往他的宫廷，穆太奈比应邀前往。在穆太奈比看来，卡夫尔的邀请并非偶然，而是埃米尔艾布·穆罕默德的安排，以便当时担任哈姆达尼王国新闻大臣的穆太奈比前往福斯塔特，成为埃及伊赫什德王国的新闻大臣，助卡夫尔一臂之力，进一步巩固他的地位，提高他在马格里布法蒂玛王朝中的威望。当时的法蒂玛王朝意欲染指埃及。但是穆太奈比与卡夫尔之间利益是相悖的，穆太奈比希望统治一个酋长国，而不仅仅是担任国家的新闻大臣。对于穆太奈比来说，最重要的事情莫过于荣耀或追求荣耀。或许他对卡夫尔的期望还要高于对赛义夫·道莱的，他认为说服卡夫尔助自己实现抱负相较说服赛义夫·道莱更为容易，因为卡夫尔是伊赫什德的摄政王而不是埃米尔，他不是阿拉伯人！穆太奈比对自己、对阿拉伯人身份引以为傲，有强烈的民族认同感。他在一首诗中写道：

人民为国王感到自豪，但阿拉伯人不会为非阿拉伯血统的国王感到骄傲。①

因此，穆太奈比来到福斯塔特后，从伊历346年6月开始写诗赞颂卡夫尔。由于这种血统的差异，从诗的第一句起就充满了悲观的感情色彩。但他不得不写这些诗：

够了，不要再把死亡视为解脱，把死亡当作愿望。②

在这第一首诗中，穆太奈比首次正式要求卡夫尔任命他为某地埃米尔或总督，因为任命此类职务正是卡夫尔作为摄政王的权力。

他在诗中写道：

人们用金钱获取高位，你用恩赐助人高升。

极少有人长途跋涉来见你，被任命为巴士拉和库法的统治者而归。③

这就是穆太奈比的诉求：他不屑于成为某个小城镇的长官，而是希望管理巴士拉和库法，或至少其中一处。或许穆太奈比希望能够成为库法的统治者，以便报复那些阿拉维敌人，他们曾禁止穆太奈比进入库法探望重病在床即将离世的祖母。

---

① 参见《穆太奈比诗集》，第84页。
② 参见《穆太奈比诗集》，第439页。
③ 参见《穆太奈比诗集》，第441页。

一两个月后，即伊历346年7月27日，穆太奈比创作了那首脍炙人口的卡夫尔赞颂诗。在这首诗中，我们看到穆太奈比将自己置于与卡夫尔同等的地位，甚至将自己视作卡夫尔的一部分，诗中写道：

> 同僚间才相互恭贺，那些远道而来的人才向你致以祝语。
>
> 而我是你的一部分，你见过人的一部分向其他部分表示恭贺吗？[①]

在下面这首诗中，穆太奈比使用了别具一格的表达，来突出自己已然具备胜任统治者的品质：

> 在全世界所有人中，我只渴望见到你。
>
> 满足我的愿望吧，虽然我看似普通，但有一颗狮子般勇敢的心。
>
> 虽然我言谈间尽显诗人本色，但仍怀揣成为国王的品质。[②]

但是这些诗句并没有在卡夫尔心中激起涟漪，穆太奈比的期待也随之破碎。

因此，在创作第二首诗两个月后，穆太奈比于伊历346年开斋节又创作了第三首诗，请求卡夫尔封给他一个酋长国，诗的开头如此写道：

---

① 参见《穆太奈比诗集》，第444—445页。
② 参见《穆太奈比诗集》，第445页。

那些身着阿拉伯服饰的小野牛是谁，她们戴着红色的珠宝、骑着红色的骆驼、穿着红色的长袍。[①]

诗中还写道：

> 埃及、亚丁、伊拉克、罗马和努比亚，都在国王的统治下。
> 人们问：你为什么要投奔他？
> 我回答说：他的双手就是春雨，他能够滋润大地。
> 他能够实现我的抱负，他不会辜负有才华的人。

但是卡夫尔始终没有助他实现愿望！

穆太奈比并没有放弃，但他对卡夫尔毫无举动感到不快，便再次尝试与卡夫尔沟通，即使是得到他的承诺也算满足。因此，穆太奈比在伊历346年宰牲节时创作了第四首诗，诗的开端写道：

> 我所想要的生活，它不给我；我向它抱怨分离，但正是它让我们分离。[②]

诗中还写道：

> 如果我从你这里获得了我想要的东西，就像鸟群喝到了惊喜的甘霖。
> 你的承诺就是行动，因为你一诺千金。

---

① 参见《穆太奈比诗集》，第446—449页。
② 参见《穆太奈比诗集》，第450—454页。

> 我并不追求黄金和珠宝，我只想实现自己的荣誉。

穆太奈比写这首诗是为了促使卡夫尔做出承诺，还是说卡夫尔已经承诺，穆太奈比此举是为了推动他兑现？

没有人知道背后真实的原因。

伊历347年，穆太奈比再次作诗尝试，诗的开头写道：

> 离开你的人不应受到责备，去找你的人应该得到嘉奖。[1]

他以委婉的口气说道：

> 如果我知道自己的生命可以分成几份，我将用三分之二的时间来等你。
>
> 但是过去的时间已经逝去，而我则有幸位于胜利者身旁。

我们知道穆太奈比并不要求卡夫尔赐给他钱财，他在伊历346年讲述自己投奔卡夫尔的诗中写道：

> 为了荣誉而狂奔，而非为了衣食而疾跑。[2]

穆太奈比骑着他的马向荒野疾行，他追求的是成为一方统治者，获得崇高的荣誉，而不仅仅是金钱与衣食。

穆太奈比在伊历347年开斋节创作了第五首诗，他在诗中竭尽

---

① 参见《穆太奈比诗集》，第456—459页。
② 参见《穆太奈比诗集》，第449页。

全力要求获得埃米尔这一职务：

> 卡夫尔，你饮酒时我歌颂着你，我能从你杯中获得什么吗？
>
> 如果我没有获得封地或酋长国，你的慷慨会让我沉默，
> 你也难获理智之美名。[①]

穆太奈比不畏千难万险，倾尽全力，只为有朝一日能成为卡夫尔王国某地的埃米尔，赛义夫·道莱没有帮助他实现这个目标，而卡夫尔也毫无响应。

显然，卡夫尔曾对穆太奈比做出过此类承诺，正如穆太奈比在伊历348年创作的诗开头写道：

> 我该如何慰藉自己，我背井离乡，孤独无友，餐风宿露。[②]

穆太奈比要求卡夫尔兑现承诺，说道：

> 英勇的卡夫尔，他的慷慨福泽了木达尔人和也门人。
>
> 虽然我尚未获得他的恩惠，但我仍然充满希望。
>
> 他信守诺言，我执着于向他示好，他执着于考验我的真诚。

这位伟大的诗人志向远大，对卡夫尔抱有期望。但事实上，穆太奈比并不尊崇卡夫尔，甚至完全看不起他。我坚信穆太奈比是这样的。

---

① 参见《穆太奈比诗集》，第465—466页。
② 参见《穆太奈比诗集》，第468—469页。

卡夫尔没有回应穆太奈比，也没有兑现自己的承诺。

对于卡夫尔承诺穆太奈比埃米尔职务一事，雅古特曾说："我查阅了许多文人的生平，发现穆太奈比曾要求卡夫尔任命他为萨赫勒地区的塞达或上埃及某个地区的埃米尔。卡夫尔回答道：'你身无分文、情况窘迫，除了国王和埃米尔外，你立志成为先知般的人，如果你获得了封地，拥有了随从，谁还能限制你？'此后，穆太奈比和卡夫尔间产生了隔阂，卡夫尔甚至对穆太奈比怀疑丛生，安排耳目监视穆太奈比，这让穆太奈比感到耻辱。"[①]

我和许多人一样，对雅古特所言的真实性感到怀疑，甚至我认为这完全是捏造的。即使穆太奈比的雄心壮志和能言善辩让卡夫尔感到了严重的威胁，他也不至于愚蠢到以这种强硬的方式回应穆太奈比对埃米尔职务提出的要求。因此，我们或许可以推测，卡夫尔对穆太奈比的承诺和迎合，都是为了获得穆太奈比的好感和诗作。试问还有谁能写出比穆太奈比更精彩的赞诗呢！

但穆太奈比绝非甘受轻视之人，他为自己的才华和阿拉伯人的身份感到自豪，绝不会忍受不断的蔑视。因此，在卡夫尔再三推迟兑现承诺后，穆太奈比心生去意。为此，穆太奈比必须找到一个可以说服卡夫尔的理由，于是他以收取自己的收入为由，请卡夫尔批准他前往拉马拉。

史料记载："穆太奈比写信给卡夫尔，请求其批准自己前往拉马拉，收取自己在那里的收入。事实上，穆太奈比想借机了解下卡夫尔是否允许他离开，但不想让卡夫尔知道他的意图。卡夫

---

① 参见雅古特著《穆太奈比生平》，第678页；参见巴迪伊著《穆太奈比生平之预言的清晨》，第112—113页。

尔回复道：'你无须亲自前去收取，我们会派遣一名信使代劳，尽快将你的收入带回。'"①穆太奈比读完回信后作诗一首：

> 你发誓说，不愿让我辛劳，远赴他地收钱。
>
> 但是你给我的处境却更加艰难恶劣。
>
> 如果有一天我离开了福斯塔特，你必会派遣人马将我追回。
>
> 你将知道我的能力，你无法压迫我。②

我断定穆太奈比没有把这些话告诉卡夫尔，而是在得知卡夫尔的回答后暗自发牢骚，这首诗应该是其后期所作。

就这样，穆太奈比的境遇发生了变化，从赛义夫·道莱宫中伟大的诗人，变成了无法离开福斯塔特的一个卑微的囚犯。卡夫尔禁止他远行，将他软禁在城内。

虽然埃及幅员辽阔，但是在穆太奈比看来，世界已是如此狭小。此后，穆太奈比在感染风寒之际作诗一首。这首诗虽然风靡埃及，但是卡夫尔却不喜欢。

穆太奈比在这首作于伊历348年的诗的前言中写道："穆太奈比在埃及感染了风寒，晚上一切正常，白天却汗流浃背。他在诗中叙述了染病之事，责备卡夫尔，要求离开。埃及人非常喜欢这首诗，但它导致了卡夫尔的不满。"③这首诗创作于伊历348年12月的倒数第二天，诗的开头写道：

---

① 参见《穆太奈比诗集》，第484—485页。

② 参见《穆太奈比诗集》，第485页。

③ 参见《穆太奈比诗集》，第475—478页。

你们不该责备他，他的行为不应被责备。①

　　读完这首诗我们可以清楚地感受到，穆太奈比对住在福斯塔特极为不满，甚至开始将其视为卡夫尔对他的心理监禁。他强烈的逃离意图溢于言表，并在尽其所能获取作为迁徙者、旅行者或逃亡者所需的一切物资。当然，穆太奈比无需向导、不畏荒原，无论有没有遮阳的围巾都不惧怕正午的炙热，他在旅途中可以轻松应对这些问题。但是让他烦恼的是被困于那些不值得他停留之地，无法获取尊重之人身边。如果在荒漠中患了眼疾无法看清，那么骆驼的眼睛就是他的眼睛，骆驼的喘息声就是他的声音。如果他孤身一人，那么他的剑就是他的朋友，他忠实的守护者。

　　但最令他感到耻辱和不满的，正是成为吝啬之人的宾客。在卡夫尔身边受到轻视后，穆太奈比获得灵感，创作了如下这首诗：

　　　你们不该责备他，他的行为不应被责备。
　　　翻山越岭、跨越荒漠，我无需向导；烈日炎炎，昂首前
　　行，我无需遮盖。
　　　如果我眼花了，骆驼的眼睛就是我的眼睛，它疲惫时的
　　喘息就是我的喘息。
　　　我无需向导就能找到水源，我只需要细数乌云中的闪电。
　　　我在真主和宝剑的护佑下前行，无需他人的帮助。②

　　穆太奈比在诗中提及风寒反复发作后，质问风寒为什么在他

---

　　① 参见《穆太奈比诗集》，第475页。
　　② 参见《穆太奈比诗集》，第475页。

遭遇千辛万苦、重重屈辱后，偏偏还要缠上他："难道我没有忍受每一种苦难吗，你为什么还要来凑热闹？"

随后他又写道：

> 我多么想知道自己的双手，能否执缰骑马，或驭驼前行。
> 我能否骑着疾驰的骆驼，去我向往之地，
> 就让缰绳被骆驼的口水浸染，成为美丽的装饰品。
> 无论是以和平的方式，还是借刀剑和长矛，我都要洗雪遗负。

穆太奈比就这样从志向远大、追求领地的诗人，变成了一位渴望重拾自由的逃亡者。

这是多么巨大的变化！

上面这首诗是穆太奈比准备逃离卡夫尔宫廷的第一个强有力的征兆。在开始讲述穆太奈比的逃亡故事前，我们首先要探讨一下，除了未能从卡夫尔处获得埃米尔职务，以及此后两人之间产生的龃龉，还有哪些促使穆太奈比决定逃亡的重要因素。

除了前文已经分析过的原因，还有许多因素相互交织，导致穆太奈比坚信必须离开福斯塔特，拯救自己。

除去强迫穆太奈比待在福斯塔特，禁止他前往拉马拉并安插眼线监视他这些因素，最主要的原因还包括穆太奈比在埃及深感孤独无助，鲜有好友和支持者在身旁，而他是一位自尊心非常强的人，深信自己才华出众。正如下面这句诗：

万物皆不如我，这多么奇怪。①

在创作这首诗后，穆太奈比与卡夫尔宫廷断绝往来大约一年。

此外，他创作了最后一首给卡夫尔的赞诗，这首诗的序言如此写道："据传，卡夫尔行为恶劣，却想获得穆太奈比的赞颂。穆太奈比别无他法，于伊历349年10月创作了最后一首赞颂卡夫尔的诗。此后，穆太奈比再也没有见过卡夫尔。"②

穆太奈比将这首诗分成两部分，上半部分称赞自己，下半部分赞颂卡夫尔。但是在下半部分中，穆太奈比做出了最后一次尝试，在卡夫尔这仿如汪洋大海的君主之心中再次抛出自己的渔网，希望卡夫尔能够回应自己的要求，任命自己为某地的埃米尔。诗中写道：

我心有所求，你如此聪明，我无须多言。③

但是卡夫尔充耳不闻、毫无反应。就这样，穆太奈比结束了多年来在卡夫尔宫廷中凭空期盼实现抱负的生活，准备离开。

在卡夫尔表示安排他人为穆太奈比收取他在拉马拉的收入后，双方都已经心知肚明，卡夫尔不允许穆太奈比离开，穆太奈比虽有此意但要付诸行动却困难重重。

卡夫尔得寸进尺，在他感到穆太奈比心生离开埃及之意后，为了讽刺和侮辱他，要求穆太奈比所有的邻居监视他，甚至安排

① 参见《穆太奈比诗集》，第162页。
② 参见《穆太奈比诗集》，第478页。
③ 参见《穆太奈比诗集》，第481页。

一群人在深夜查探他，打探每个进出他家的人。每天都有人去穆太奈比家里查看情况。穆太奈比面对这样的窘境，始终不露面于人前。

这之后又发生了什么？

穆太奈比希望找到一位能够为自己提供帮助的支持者，但是未能如愿。让我们从卡夫尔的宫廷说起。我们知道卡夫尔对待穆太奈比的态度，那么卡夫尔的宰相伊本·罕扎巴对穆太奈比又是什么态度呢？

伊历346年穆太奈比来到福斯塔特，他在埃及居住大约十个月后，便与卡夫尔的宰相贾法尔·本·法德勒·本·福拉特（史料多将其称为伊本·罕扎巴）之间出现了不和的迹象。穆太奈比在伊历347年4月创作的诗中首次提到了两人间的分歧，他在诗中暗示，在他拒绝为伊本·罕扎巴写赞诗后，后者向卡夫尔建议不要委任穆太奈比管理任何国家事务，穆太奈比在诗中如此写道：

> 英明的君主，谏言者让你看不到我的才华。我没有满足谏言者的要求，他因此中伤我。[①]

这里的谏言者指的就是卡夫尔的宰相。

穆太奈比诗集的注释者之一泰卜里兹写道，当穆太奈比抵达埃及后，不仅作诗赞美卡夫尔，同时也写了一首诗称赞宰相伊本·罕扎巴，这首诗的开头写道：

---

① 参见《穆太奈比诗集》，第459页。

你是否隐藏了自己的爱意……

穆太奈比将伊本·罕扎巴的名字写入这首诗，用"贾法尔"
（贾法尔·本·福拉特）一词作为某句诗的韵脚。他在这首诗中
还写道：

任何一只让我靠近伊本·阿米德的手，我都会为它戴上
手镯。

穆太奈比对这句诗进行了调整，将伊本·罕扎巴的名字融入
其中，改写为：

任何一只让我靠近伊本·福拉特的手，我都会为它戴上
手镯。

但是穆太奈比对这首诗不甚满意，将它扔在一旁，并没有用
来赞美伊本·罕扎巴。无论上述说法是否属实，可以确定的是穆
太奈比在创作这首诗的时候，明确突出了它的主人公——宰相伊
本·罕扎巴。

或许在伊本·罕扎巴于伊历347年提醒卡夫尔提防穆太奈比并
与其保持距离后，穆太奈比便不再作诗赞颂伊本·罕扎巴。

伊本·罕扎巴将穆太奈比在诗中提及他的名字视为对自己的
嘲讽，因此对穆太奈比心生恨意。我们可以从伊本·哈尔坎对这
位摩洛哥裔宰相的叙述中清晰地感受到这种恨意。伊本·哈尔坎
说道："我当时正与艾布·法德勒（伊本·罕扎巴）交流，向他

转述穆太奈比创作的诗。从伊本·罕扎巴的表情可以看出，他努力不让别人看出自己对诗句的愤怒，特别是关于治理方面的内容，因为穆太奈比在诗中进行了讽刺。"[1]

因此，两人之间产生了隔阂。穆太奈比不再为宰相作赞诗或在诗中暗喻他，而宰相则心生恨意，但是他大肆赞美穆太奈比的诗，以此来掩饰心中的不忿。伊本·罕扎巴埋在心中的恨意，在日后逐渐显露。

伊本·金尼在解释穆太奈比的这句诗**"我在黑夜到来，夜色掩盖了我的踪迹；我在白天离去，日光揭露了我的行踪"**[2]时曾说：穆太奈比吟诵这句诗的时候对我说："伊本·罕扎巴对我说：'穆太奈比，你知道吗，我找来了许多书籍，又安排了多位文人，但是都没能找到你这些诗句的出处。'"[3]难道这不足以揭示伊本·罕扎巴对穆太奈比的真实态度吗？他甚至和许多文人携起手来，企图找到穆太奈比剽窃的证据！

至少我是这么认为的。

接着，穆太奈比又批评了伊本·罕扎巴对自己图书馆藏书的炫耀，说："他的图书馆里，每一种书都有五十册之多，想借此来证明他藏书之多。"[4]

雅古特·哈马维则用直截了当的方式道出了穆太奈比和伊本·罕扎巴之间的龃龉。他说道："当时伊本·罕扎巴、伊本·阿米德和艾布·哈马德·穆哈莱比三人都看不起穆太奈比，

---

[1] 参见伊本·哈尔坎著，《历代显贵名流生平》，第1册，第349页。

[2] 参见《穆太奈比诗集》，第446页。

[3] 参见伊本·金尼著《注释》，第1册，第98页；参见雅古特著《穆太奈比生平》，第677页。

[4] 参见雅古特著《穆太奈比生平》，第677页。

三人都是位高权重的大臣，都对穆太奈比的诗歌不屑一顾、满腹牢骚。"[1]

瓦西德·艾拉兹迪曾在埃及见过穆太奈比，他说道："穆太奈比不再作诗称赞伊本·罕扎巴，这根本就是在自讨苦吃。"[2]

这就是当时伊本·罕扎巴和穆太奈比之间的关系。或许伊本·罕扎巴并没有怂恿伊本·瓦基阿·泰内西编纂《穆太奈比诗句剽窃论》一书，这本书的内容也离"公正"一词相去甚远，但它不正好说明伊本·罕扎巴寻求穆太奈比剽窃证据的企图吗？两人极可能相互勾结，他们是同代人，都居住在埃及，并且去世的日期也相近。伊本·罕扎巴逝世于伊历391年，伊本·瓦基阿则逝世于伊历393年。伊本·瓦基阿这位诗人或许曾在埃及见过穆太奈比，但会晤的气氛也许不太友好。

我们可以从上述内容中推断出，在卡夫尔的宫廷中，穆太奈比处境堪忧，毫无帮手。无论卡夫尔还是他的宰相伊本·罕扎巴，既不希望穆太奈比留在宫中，又不愿他离开，因为怕他离开后会作诗讽刺二人。

因此，对穆太奈比而言，那时的处境便是：留下但毫无尊严，离去又不能确保平安。

上文阐述的是穆太奈比与政权和宫廷人士的关系，那么穆太奈比在埃及学术界又是何种状况呢？在他与宫廷关系交恶后，他又如何融入当地学术界？

在研究穆太奈比在埃及的生活情况后，我们并没有发现他与当地文人和学者交往的详细资料，除了赞颂法提克·伊赫希迪，

① 参见雅古特著《穆太奈比生平》，第678页。
② 参见巴迪伊著《穆太奈比生平之预言的清晨》，第113页。

他的诗集中没有一首涉及学术界的赞诗。同时，在有关穆太奈比的传闻中，我们仅仅找到了极少数的有用信息，但正是这些信息，强有力地证明了穆太奈比在埃及感到孤独和痛苦。他感染风寒时创作的那首诗，受到了埃及普通民众而非达官贵人的喜爱。穆太奈比在这首诗中为自己的孤独呐喊，他写道：

> 我生活在埃及，孤身一人。
>
> 我痛苦憔悴，少有人前来看望；我的抱负难以实现，许多人投来嫉妒之石。[1]

伊本·阿迪姆的话可以证明，在创作这首诗的时期，穆太奈比的朋友很少，他感到非常孤独。伊本·阿迪姆说：

> 我阅读了萨利赫·本·伊布拉辛·本·拉希丁的手稿，其中写道：信奉基督教的作家艾布·纳赛尔·本·盖耶斯·努斯拉尼对我说："穆太奈比在埃及染病，他在诗中称自己感染了风寒，我便经常去照料他。当他康复后，我便不再去看望他。一方面是我相信他已经痊愈，另一方面是我自己的事务让我没时间前去拜访。于是他给我写信道：'我生病的时候你来看我，我康复后你再也没来，如果你不希望疾病始终缠绕着我，不希望我体弱多病，那就多来看我吧！'"[2]

这些传言和信件足以证明穆太奈比深受孤独、少友的折磨，

---

① 参见《穆太奈比诗集》，第476—477页。
② 参见伊本·阿迪姆著《阿勒颇历史求知》，第2册，第678页。

甚至他身边只剩寥寥几个埃及基督徒朋友，特别是作家艾布·纳赛尔·本·盖耶斯·努斯拉尼，在其他人纷纷抛弃穆太奈比之时，只有他始终关心照料穆太奈比，与他保持联系。

除此之外，根据伊本·阿迪姆的记载，穆太奈比还与另一位埃及文人保持往来，但是伊本·阿迪姆没有对此进行详细的记录，只是写道："我看过埃及纸商欧贝杜拉·本·穆罕默德·本·艾哈迈德·本·穆罕默德·本·艾布·焦阿的手稿，上面写道'我问穆太奈比何时何地出生'，他回答说：'我伊历303年出生于库法的坎达，在当地长大。此后，我去了巴格达，并且遍历沙姆地区。'"[①]

这位埃及纸商还是穆太奈比诗集的传述者[②]，所以说他们两人是工作关系，或者可以称为商业关系。

如果穆太奈比只是缺少朋友，那情况还不算太糟糕，但雪上加霜的是部分人总是讽刺穆太奈比，试图侮辱他、批评他的诗作。埃及人伊本·早莱格称：

穆罕默德·本·侯赛因·花拉子密对我说："有一天，我去拜访西巴维赫（埃及诗人），他正坐在福斯塔特的伊本·阿姆鲁斯清真寺，他对我说起人们称赞穆太奈比的诗句——当一个自由人只能从敌人那里感受到友谊，这是多么地悲惨，这句话是错误的。因为友谊来自忠诚，他和敌意是对立的，如果把这句诗改为'当一个自由人只能从敌人那里

---

① 参见伊本·阿迪姆著《阿勒颇历史求知》，第2册，第644页。
② 参见伊本·阿萨基尔著《大马士革史》，第71册，第81页。

得到奉承，这是多么地悲惨’那就更加好了。"①

伊本·早格莱继续说道：

阿里·本·艾哈迈德对我说："艾哈迈德·本·侯赛因将西巴维赫的话转告给穆太奈比，但后者没有接话。有一天，穆太奈比前往伊本·阿姆鲁斯清真寺，西巴维赫正在清真寺门口，有人告诉穆太奈比那这就是西巴维赫。穆太奈比在西巴维赫身边停下脚步，对他说：'您好谢赫，我早就想见您了。'西巴维赫回答道：'愿真主保佑你，赐福于你。'穆太奈比继续说道：'我听说您批评了我的诗句：当一个自由人只能从敌人那里感受到友谊，这是多么地悲惨。您是怎么认为的呢？'西巴维赫回答说：'敌意是和友谊对立的，如果这句诗改成这样就更好了，当一个自由人只能从敌人那里得到奉承，这是多么地悲惨。就像一位诗人曾经写过：我的敌人穿着朴素的长衫而来，渴望我将他当作密友。'穆太奈比又问道：'还有其他的原因吗？'西巴维赫回答说：'是的。'便又列举了三句诗。穆太奈比笑着离开了，留下西巴维赫在原地高喊：'哑口无言了吧！'在他看来，穆太奈比已然哑口无言、无法反驳。"

但是我认为，穆太奈比之所以"笑着离开"，是因为他只用一句诗就表达了自己的想法，而西巴维赫却用了四句诗来反驳。

---

① 参见伊本·早莱格著《埃及人西巴维赫生平》，第44—45页。

所以穆太奈比毫不在意西巴维赫的批评，也不理睬他的呐喊，笑着离开了。

我们讨论了许多伊历349年的事件，这是穆太奈比在卡夫尔宫廷中的第四年。在这一年中，穆太奈比在诗中倾注自己的忧郁和悲伤，除了当年开斋节以外，几乎没有作诗赞美卡夫尔。

研究穆太奈比在埃及创作的诗歌后我们可以发现，他满怀抱负来到埃及，最终却心灰意冷。他创作的诗歌一年少于一年，正是这种心理变化最有力的证据。

穆太奈比于伊历346年来到埃及，他在该年下半年创作了三首赞美卡夫尔的诗。

伊历347年，穆太奈比全年创作了四首诗。

伊历348年，穆太奈比全年创作了三首诗。

其中包括感染风寒后创作的那首，这首诗不仅没有赞颂卡夫尔，反而引起了他的愤怒。

而在伊历349年，穆太奈比仅创作了一首诗，诗中充满了失望以及在埃及感到的压抑。这首诗的上半部分都在表达穆太奈比自己的感受，下半部分则是赞美卡夫尔。这首诗的开头部分可以说表达了穆太奈比所有的希望和痛苦，他如此写道："我曾希望……"[1]

穆太奈比对埃米尔职务的渴望，是否在那时已化为无法实现的奢望，成了令人痛苦的回忆？

也许是这样的。

据我所知，这首诗的开头部分带有调情的色彩，可以从另一个角度去解读，诗的开头写道：

---

[1] 参见《穆太奈比诗集》，第478页。

> 我曾希望白色是我的色调，用斑白的鬓发掩饰青春的稚嫩。

难道穆太奈比在诗中不是以白色来指代赛义夫·道莱？但是白色却转变成了青春的标志色黑色。在这里青春是指发色乌黑，而乌黑同时也指的是卡夫尔的肤色。或许这是穆太奈比想要表达的含义。

那么下面这句诗又有何用意呢？

> 我心中有所求，你如此聪明，我无须多说。[1]

他仍然渴望获得埃米尔职务吗？还是说，他以这种方式请求卡夫尔允许自己离去？

我个人倾向于第二种推断，因为诗的结尾部分支持这种推断：

> 你就是我的世界，每个人都爱你。即使我离开了你，我也会回来。[2]

瓦西迪说："你就是全世界，我即使离开了你也会回到你身边，因为我们必须生活在世界上，而世界就是你。"

但是卡夫尔并没有回应穆太奈比的诉求。

伊历350年，穆太奈比仍然被囚禁在这所没有高墙的监狱中，忍受着内心的折磨。

---

① 参见《穆太奈比诗集》，第481页。
② 参见《穆太奈比诗集》，第482页。

巴士拉人瓦西德·艾拉兹迪·穆哈莱比（逝于伊历390年）曾在埃及见过穆太奈比，他如此描述穆太奈比的状况："我和穆太奈比当时都在埃及，他的状况非常糟糕，出于对文人学者的怜爱，我劝他离开埃及，并提醒他当心走漏风声。他当时已经准备逃亡，但是担心自己的安危，怕遭人谋害。这种状况可以说是他自己一手造成的，因为他没有作诗称赞卡夫尔的宰相伊本·罕扎巴。"①

伊历350年，穆太奈比决定不再创作赞诗，甚至不再创作任何诗歌。他当时似乎正准备冒险逃离，但这需要格外周密的准备与考量。在这方面，还有谁比穆太奈比更厉害呢？

伊历350年年末，一个人的离世令穆太奈比悲痛万分。他是穆太奈比五年来在埃及结识的最亲密的人，两人之间的友谊超越了一切关系，他就是穆太奈比在那首著名的诗中赞颂的法提克·伊赫希迪。

> 你既不能赠他骏马，也无法送他钱财，那就用诗句来赞
> 美他吧。②

伊本·金尼说："穆太奈比提到法提克时说'他一次给我送来了一千个第纳尔'。"伊本·金尼继续说道："我没有见过穆太奈比像感谢法提克那样感谢过别人。"③

伊历350年10月11日，法提克逝世。他的去世，是穆太奈比在埃及生活的转折点。穆太奈比决定立刻执行他的逃亡计划，他已

---

① 参见巴迪伊著《穆太奈比生平之预言的清晨》，第113页。
② 参见《穆太奈比诗集》，第502页。
③ 参见《穆太奈比诗集》，第502页

经准备好了出逃所需的物资，一切准备均已安排妥当。伊历350年12月9日正朝之际，也是法提克去世第58天，穆太奈比开始了他的逃亡之旅。

准备出逃

根据穆太奈比及其出逃传闻的相关记载，我们可以推测在伊历350年宰牲节前，他创作了那首著名的诗。在当年的阿拉法特日，穆太奈比正式出逃。他为什么选择这一天呢？

根据相关史料，穆太奈比利用节日之际出逃，是因为素丹卡夫尔在此期间非常忙碌。卡夫尔从节日当天清晨起就忙于赏赐和犒劳他的士兵，直到第二天才会处理其他事务。[①]所以，穆太奈比决定借卡夫尔无暇顾及其他事务之际出逃。

上述原因纵然是一个重要因素，但是我认为除此还有三个其他的原因共同促使穆太奈比选择该日出逃。

第一个原因是穆太奈比和协助他出逃的人已经决定经西奈半岛沙漠地带逃亡。在朝觐期间，这条路线非常安全。无论是朝觐之路还是其他道路，几乎都没有旅行者，因为朝觐者们仍然在阿拉法特山和米那山之间举行朝觐仪式，直到一个月后，他们才会踏上这些道路返回。

商队亦是如此。大部分商队成员在宰牲节期间都不会外出，而是陪伴家人，待在家人身边，因为宰牲节在埃及商人心中具有神圣的地位。这也使得穆太奈比在逃亡时更加安全。

第二个原因是穆太奈比选择在冬季出逃，这对于任何想要跨

---

① 参见伊斯法哈尼著《穆太奈比诗歌注释》，第13页。

越西奈半岛和沙姆沙漠地区的人来说都非常重要，因为夏季酷热缺水。穆太奈比是在公历962年1月出逃的。①

第三个原因同样重要，那就是穆太奈比需要大量饮用水的补给。这主要不是给他自己、他的仆人、他的骆驼，而是给他的马。骆驼可以忍耐五天以上不喝水，但是马最多坚持两到三天。

这些原因共同促使穆太奈比选择了这样一个出逃日期。

但是，还剩下一个最重要的问题，如何顺利出逃？

穆太奈比所写的诗句明确指出，他在埃及的住所周边遍布眼线和监视者，以防止他逃跑。如果穆太奈比这样一位伟大的诗人逃走，并且创作诗歌来讽刺卡夫尔这样的素丹，后果是非常严重的。

诗作前文记载："卡夫尔在穆太奈比身边安排了许多眼线，穆太奈比所有的邻居都在监视他，甚至还有一群人深夜去穆太奈比家中查探，了解每一个出入的人。负责收集消息的人每天都会去穆太奈比家，了解他的状况。穆太奈比对此心知肚明，从不在他们面前露面。"负责收集信息的就是这群监视者的头目。

还有比这更严密的监视吗？绝对没有！

但是穆太奈比已下定决心出逃，他在暗中做着出逃的准备，似乎完全没有受到监视的影响。他极为小心地筹备着一切所需物资，他的仆人对此毫不知情。穆太奈比借着夜色的掩护将武器埋于沙中，将足够十日之用的饮用水挂在骆驼上，准备了足够二十日的干粮。②

从上述记载中，我们可以看出这种监视似乎不甚严密，与上

---

① 本书"自序"提到"这里正是961年（伊历350年）宰牲节之夜穆太奈比逃亡的起点"，与此处说的962年1月稍有出入。原书如此。——译者注

② 参见《穆太奈比诗集》，第488页。

文提及的"严密监视"相互矛盾。

在被各种眼线包围的情况下，穆太奈比如何能够避开种种监视，从尼罗河取水、将长矛埋在沙中、在夜晚准备干粮？监视者在哪里？负责收集信息的人在哪里？难道他不是每天一早就过来收集手下对穆太奈比前一天晚上一举一动的报告？

这位负责人，他手下负责监视穆太奈比的人以及穆太奈比的邻居们，他们为何都没有察觉穆太奈比晚上的种种行动，难道夜晚不该是监视最为严密的时段吗？

除此之外，穆太奈比在出逃那天非常神秘，没有让人发现任何蛛丝马迹。甚至有人说道："他像一阵风那样消失了，难道他抹去了自己的痕迹？"

还有埃及人猜测："他一定是在地下挖了通道！"

卡夫尔派出许多来自城镇和游牧部落的人以及士兵前去抓捕穆太奈比，但是他们都没有发现他的行踪。

穆太奈比——这个成功躲过所有卫兵、城镇居民、游牧部落和士兵的逃亡者，到底是什么样的一个人？

我认为这些史料的记录者，或许是将两个人物的事件融合在一起了：即先知穆罕默德迁往麦地那这一事件和穆太奈比出逃这一事件，特别是"先知"一词和"穆太奈比"一词是同根的。穆太奈比筹划逃亡的能力令人惊奇，读者便无意中把先知迁徙的故事与其相混合，如果不进行仔细比较，很难将有关这两件事的记载区别开来。

通过对比或许能够解释这个问题，让我们来探讨一下逃亡的要点。

一、先知穆罕默德曾说："我们非常谨慎地离开，没有一个人发现我们的踪迹。整整三十天，我们风餐露宿。我们两人带的干粮很少，都夹在比拉勒胳膊下。"①

提尔密济在阐释时说："这句的意思是，当先知和比拉勒逃离麦加的时候……"

而伊本·艾拉西尔在他所著的"圣训集"里也收录了这句，并且援引提尔密济对它的阐释。②

二、伊玛目泰卜里在阐释《古兰经》经文"当时，不信道的人们把他驱逐出境，只有一个人与他同行"③时称，"这二人即先知穆罕默德和艾布·伯克尔，他们为了逃离古莱士族的迫害而离开麦加"④。

三、瓦西迪在其所著的《古兰经简析》中写道："伊本·阿巴斯在注释《古兰经》时提到'当时，不信道的人们把他驱逐出境'这句经文时表示，先知想要离开麦加，躲避古莱士族的迫害。"⑤

四、卡尔泰比在解释这句《古兰经》经文时表示："先知独自一人逃离，但这是受古莱士族的逼迫。"⑥那些记录穆太奈比逃亡事件的人，将先知逃离麦加的内容与穆太奈比逃离埃及的内容混淆在了一起，将先知的迁徙也当作逃亡，但先知是因为他的使命被迫离开麦加的。

① 参见提尔密济著《提尔密济圣训集》，第4册，第255—256页。

② 参见伊本·艾拉西尔著《圣训集》，第4册，第687页。

③ 参见《古兰经》"忏悔章"第40节。本书所用《古兰经》中内容均来自法赫德国王《古兰经》印刷局伊历1431年出版的版本。——译者注

④ 参见泰卜里著《古兰经注释》，第10册，第135页；参见瓦西迪著《古兰经简析》，第10册，第436页。书中写道，伊本·阿巴斯在注释《古兰经》经文"当时，不信道的人们把他驱逐出境"这句时表示，先知想要离开麦加，躲避古莱士族的迫害。

⑤ 参见瓦西迪著《古兰经简析》，第10册，第436页。

⑥ 参见卡尔泰比著《古兰经注释》，第8册，第143页。

五、伊本·卡西尔在其所著的《古兰经注释》中如此描绘迁徙之年："当叛教者企图杀害、囚禁或驳斥先知时，先知在朋友兼同伴艾布·伯克尔的陪同下逃离了麦加，前往索尔山山洞避难。"①因此，先知前往麦地那是逃亡，而穆太奈比前往库法也是逃亡。

六、根据伊本·希沙姆的记载，先知穆罕默德离开麦加之事，只有先知的儿子阿里和艾布·伯克尔知道。②穆太奈比也是如此，我们将在下文详述他的逃亡经历。穆太奈比离开福斯塔特之事，只有阿卜杜勒阿齐兹·本·优素福·哈扎伊和艾布·巴克尔·法尔加尼两人知晓，甚至连穆太奈比的仆人都完全不知道他在暗中筹备饮水和干粮，准备逃离。③

七、关于先知穆罕默德离开麦加的史料记载，阿米尔·本·福海拉当时在古莱士族为艾布·伯克尔放羊，他赶着羊群一路跟随先知穆罕默德和艾布·伯克尔，以这种方式掩盖了先知穆罕默德的足迹。④穆太奈比亦是如此，他成功掩盖了自己的踪迹。史料记载，穆太奈比将自己的出逃路线隐藏得密不透风，没有让人发现一点踪迹。甚至一些游牧民说道："他像一阵风那样消失了，难道他抹去了自己的痕迹？"⑤这些游牧民难道把穆太奈比当作了先知？

八、正如《古兰经》所说，先知穆罕默德被迫离开麦加：

---

① 参见伊本·卡西尔著《古兰经注释》，第4册，第155页。
② 参见伊本·希沙姆著《先知生平》，第1册，第485页。
③ 参见《穆太奈比诗集》，第488页。
④ 参见伊本·希沙姆著《先知生平》，第1册，第486页；参见卡尔泰比著《古兰经注释》，第8册，第144页。
⑤ 参见《穆太奈比诗集》，第489页。

"当时，不信道的人们把他驱逐出境。"①卡尔泰比解释说："先知穆罕默德独自一人出逃，但这是受古莱士族压迫所致。"②穆太奈比则是受到卡夫尔的软禁，禁止他离开埃及，从而被迫出逃。先知穆罕默德与穆太奈比出逃的区别在于，先知穆罕默德为信仰逃往麦地那，并在麦地那定居。穆太奈比则是为了自己的安危而逃往库法。

九、当先知穆罕默德和艾布·伯克尔决定迁往麦地那时，雇佣阿卜杜拉·本·艾尔盖特做向导。阿卜杜拉是一名不信教者，来自古莱士族。先知穆罕默德和艾布·伯克尔与他约定，在抵达索尔洞后将两人的骆驼给他作为酬劳。③根据某份穆太奈比诗集的手稿记录，当穆太奈比决意逃离埃及时，请阿拉伯人阿卜杜勒阿齐兹·本·优素福·哈扎伊做他的向导。

十、先知穆罕默德和艾布·伯克尔逃至索尔洞后，古莱士族人得知了他们的踪迹，想要抓捕他们。这时，一只蜘蛛在洞口处编织了一座房屋帮忙掩饰，从而保护两人免受迫害。随后，又粉碎了古莱士族人的诡计，他们最终不得不让先知穆罕默德和艾布·伯克尔在洞中避难。这就是为了保护先知穆罕默德和艾布·伯克尔免受古莱士族迫害而降下的神迹。

穆太奈比逃离福斯塔特后，连游牧人都无法找到他的踪迹和逃亡路线。这些游牧人和生活在城市里的埃及人，对穆太奈比仿佛凭空消失一般的逃亡过程极为困惑，找不到任何合理解释，最

---

① 参见《古兰经》"忏悔章"第40节。
② 参见卡尔泰比著《古兰经注释》，第8册，第143页。
③ 参见伊本·希沙姆著《先知生平》，第1册，第488、491—492页；参见卡尔泰比著《古兰经注释》，第8册，第144—145页。

后只能归因于神迹的保护。这些人认为，穆太奈比独自一人挖掘出一条地下通道，然后经地道逃了出去，随后这条地道同穆太奈比一同消失了。①这样的神迹只能发生在先知身上。

十一、卡夫尔的眼线遍布穆太奈比身边，并让穆太奈比所有的邻居都监视他，甚至有一群人负责在深夜查探他，打听每个进出他家的人。每天都有人去穆太奈比家里查看情况。那么穆太奈比是如何打破这种封锁的呢？

我不知道穆太奈比是如何度过那些夜晚的，在如此严密的监视下，任何人都无法靠近穆太奈比。然而，穆太奈比凭借他的聪明才智，突破了这张监视网，打破了重重封锁，在严密的监控下，在夜间将饮水挂在骆驼身上、成功将长矛埋在沙中，甚至准备了足够二十天消耗的干粮。卡夫尔安排的众多眼线和监视者，竟然对这一切毫无察觉！这是如何实现的？穆太奈比必然遇到了另一个神迹，保护他免受这些监视者的迫害。

难道穆太奈比效仿先知穆罕默德，在迁往麦地那的那个夜晚，将尘土撒在了监视者的头上？

有关先知穆罕默德迁徙的资料记载，可参看《先知生平》等②和《古兰经》。③

十二、古莱士族人悬赏一百头骆驼捉拿先知穆罕默德，卡夫尔甚至为能够带回穆太奈比的人提供了更高金额的悬赏。

十三、先知穆罕默德在从麦加到麦地那的途中，在向导的引

---

① 参见《穆太奈比诗集》，第489页。
② 参见伊本·希沙姆著《先知生平》，第1册，第483页；参见卡尔泰比著《古兰经注释》，第7册第397页和第8册第144页。
③ 参见《古兰经》"雅辛章"第9节。

领下，时常改变路线。据我所知，先知在整个路途中只有一次途经两地之间的官道，即艾姆吉谷地（今胡莱斯）。①穆太奈比前往库法的路线也是如此，下文还将予以详述。

在我看来，这个充满矛盾的故事，是经人们加工而成的。之所以用这种离奇的方式来阐述穆太奈比的逃亡，是为了突出穆太奈比人性的伟大，以符合他诗性的伟大。因此，人们赋予了穆太奈比这些创举，令卡夫尔手下的阿拉伯人、游牧人和埃及人（当时大部分埃及居民并不是阿拉伯人。——译者注）都无法找到他。

那么，穆太奈比到底是如何安全逃离福斯塔特的呢？

真正的原因可能在于穆太奈比与福斯塔特之外人士的关系，特别是他与比勒拜斯埃米尔阿卜杜勒阿齐兹·本·优素福·哈扎伊之间的紧密联系。两人如何建立起这种关系，值得我们详加探讨。

正如《穆太奈比诗集》中所记录的那样，伊历346年，穆太奈比愤而离开赛义夫·道莱的宫廷，前往伊赫什德王朝统治下的大马士革。当时卡夫尔任命的大马士革省长是伊本·马莱克·耶胡迪，他要求穆太奈比作诗赞颂自己，穆太奈比出于尊严拒绝了他的要求，但是也无法继续住在大马士革，便前往伊赫什德王朝统治下的另一个地区——拉马拉。拉马拉的埃米尔哈桑·本·塔格吉·伊赫希迪盛情接待穆太奈比，赐予他许多礼物和华袍。正是在拉马拉居住期间，穆太奈比收到了卡夫尔的来信，让他前往宫廷，史料记载"穆太奈比在拉马拉期间收到了卡夫尔的信件，他

---

① 参见《迁徙路线图》及其手册，麦地那先知穆罕默德博物馆，阿卜杜勒阿齐兹国王馆印。

不得不前往"①。

于是，穆太奈比从阿勒颇前往大马士革，随后南下抵达拉马拉，而后又从拉马拉前往福斯塔特。那么，穆太奈比前往卡夫尔宫廷的路线是怎么样的呢？

伊本·胡尔达兹比赫（伊历202年逝世）曾详细记录了自己从拉马拉前往福斯塔特的路线，具体如下：

- 拉马拉至艾兹祖德的距离为12里。
- 艾兹祖德至加沙的距离为20里。
- 加沙至拉法的距离为12里。
- 拉法至阿里什的距离为24里，这是一段沙漠道路。
- 阿里什至瓦拉达的距离为18里。
- 瓦拉达至萨阿迈的距离为18里。
- 萨阿迈至阿奇卜的距离为20里，这是一段沙漠道路。
- 阿奇卜至法拉马的距离为24里。
- 法拉马至朱尔吉尔的距离为30里。
- 朱尔吉尔至加迪拉的距离为24里。
- 加迪拉至马斯杰达卡达阿的距离为28里。
- 马斯杰达卡达阿至比勒拜斯的距离为21里。
- 比勒拜斯至福斯塔特的距离为24里。②

伊本·胡尔达兹比赫在其书中还记录了另外三条拉马拉至福斯塔特的路线。一条是沿海岸的路线，一条是内陆路线。其中一

① 参见《穆太奈比诗集》，第435页。
② 参见伊本·胡尔达兹比赫著《道里邦国志》，第80页。

条路线衍生出两条新路，一条适宜冬季，一条适宜夏季。所有这些路线在抵达福斯塔特前，都交会在比勒拜斯。

因此，无论穆太奈比选择哪条路线，他在抵达福斯塔特前都必然经过比勒拜斯。我们认为，穆太奈比正是在此结识了比勒拜斯的阿拉伯人埃米尔阿卜杜勒阿齐兹·哈扎伊，并前往他家做客。此后，他便前往福斯塔特觐见卡夫尔，并在那里度过了凄惨的数年。

穆太奈比应该与埃米尔哈扎伊建立了良好的关系，并且在穆太奈比居住在埃及的那段悲惨暗淡的时期，两人的关系愈发紧密。穆太奈比在诗中写道：

> 我在福斯塔特生活凄苦，高尚的阿卜杜勒阿齐兹让它甘甜。
> 我赞美盖斯部落，我赞美整个阿拉伯民族……
> 他从远方感受我的善意……①

穆太奈比在抵达比勒拜斯时见到了哈扎伊，两人建立起的友谊，正如穆太奈比诗中所描绘的那样充满善意。同时，在穆太奈比被卡夫尔监禁而无计可施、亟须帮助之时，二人的深厚情谊也激发了哈扎伊的侠义之心，他希望把穆太奈比从卡夫尔的监视和禁锢中拯救出来。

此外，穆太奈比在诗句中首先提及福斯塔特生活的凄苦，随后再描绘在哈扎伊处居住的快乐，这样的顺序足以证明穆太奈比

---

① 参见阿扎姆著《穆太奈比回忆录》，第189页。

在逃离福斯塔特后途经比勒拜斯。

令人奇怪的是，那些记叙穆太奈比逃亡事件的人，为什么都对提及哈扎伊的诗句避而不谈——明明这些诗句足以证明，穆太奈比的逃亡并不是神迹。

例如这句诗：

> 真主赐福于比勒拜斯的阿拉伯人，他们是如此庄重威严。
>
> 盖斯·本·埃兰的后人，为了追求美好事物而不眠。
>
> 阿卜杜勒阿齐兹·本·优素福尤甚，他是比勒拜斯的泉水和甘霖。
>
> 他为自己的部落增光添彩，无人能与其媲美。[①]

这首诗不仅仅是对哈扎伊的赞美，更是对他善举的报答。穆太奈比在诗中一是赞美比勒拜斯阿拉伯人的善举，二是颂扬拯救自己的比勒拜斯埃米尔阿卜杜勒阿齐兹·哈扎伊。

读者或许会问：哈扎伊如何帮助并拯救了穆太奈比？比勒拜斯的阿拉伯人又如何善待穆太奈比？难道仅仅是派出了一名向导，就堪当如此赞美？如果哈扎伊没有提供巨大帮助，像穆太奈比这样的诗人会心甘情愿地赞颂他吗？穆太奈比此前面对物质奖励时，不都是拒绝赞颂那些权贵之人吗？因此，我们可以推断，这种"善举"和"拯救"，就是帮助穆太奈比策划从埃及逃往比勒拜斯，并安排妥当此后的逃亡路线。

这也是唯一的答案。

---

① 参见《穆太奈比诗集》，第488页。

穆太奈比逃亡事件的记述者还忽略了一件极为重要的事，那就是认为穆太奈比请哈扎伊派一位向导为他引路，这件事令人生疑甚至是惊讶，值得我们一探究竟。在我看来，穆太奈比并不需要向导。接下来我将举例证明，像穆太奈比这样经验丰富、对沙漠、水源和聚居地情况了如指掌的人，向导完全是多此一举。

首先，史料记载[1]，穆太奈比来到巴格达后，住在侯梅达郊区。他前去拜访穆哈莱比，进屋后坐在后者身边。萨伊德是穆哈莱比的继任者，坐在他身后。艾布·法拉吉·伊斯法哈尼是《诗歌集》这部巨著的作者，也坐在穆哈莱比身后。三人正在吟诵下面这首诗：

真主赐予人类水源，我知道它们的位置，有朱拉姆、马勒库姆、巴扎尔和加姆拉。

穆太奈比说："不是朱拉姆，而是朱拉卜，这些地方我都了如指掌，不会错的！" 艾布·法拉吉则不同意穆太奈比的说法。[2]

我认为，穆太奈比是正确的，正如诗人库塞尔的诗集中所写的那样。[3]此外，无论是词典[4]，还是语言学家抑或地理学家[5]的

① 参见伊斯法哈尼著《穆太奈比诗歌注释》，第14—15页。

② 读者可以察觉，正是因为穆太奈比在穆哈莱比的宫廷中指出艾布·法拉吉的错误让他出丑，后者因此并没有在他所著的《诗歌集》中收录和提及穆太奈比。

③ 参见《库塞尔诗集》，第503页。

④ 参见伊本·曼祖尔著《阿拉伯人之舌》"巴扎尔"项；参见祖贝迪著《新娘之冠阿拉伯语词典》"拉库姆"项。

⑤ 参见雅古特著《列国志》，第1册，第361页；第2册，第116页；第4册，第211页；第5册，第194页。

观点，都与穆太奈比所说一致。虽然艾布·法拉吉为自己辩护，不同意穆太奈比的观点，但是我从未看到任何史料能够佐证艾布·法拉吉的说法。朱拉卜、马勒库姆、巴扎尔和加姆拉都是麦加水井的名称。

我认为，这些水井都位于麦加，既然穆太奈比表示自己对这些水井了如指掌，那么他极可能去过这些地方，或者说可能进行了一次甚至多次朝觐，所以他才对自己所说持有高度的自信。这就是我们可以从史料记载中解读出的信息。在下文关于穆太奈比逃亡路线的叙述中，我们还将提及有关的证据。

其次，纸商伊本·艾布·朱阿是穆太奈比在埃及所作诗歌的传述者，他的记述强有力地证明了穆太奈比对城镇和道路非常熟悉。伊本·阿迪姆记载道，这位纸商曾询问穆太奈比的生活经历，后者回答道："我去过巴格达，遍历沙姆，了解它的每一处平原，每一座山峰。"①

再次，既然穆太奈比如此熟悉前往埃及的道路，难道他会不知道如何离开吗，至少可以走原来那条路，为什么还会要求向导呢？

第四，史料记载，在穆太奈比此次久居埃及之前，他曾于伊历335年前往埃及。如果这些记载属实，穆太奈比为什么还需要向导呢？

伊本·阿迪姆曾记录："我得到了《马斯巴西史书》的部分章节，在里面读到了穆太奈比于伊历335年为艾布·伯克尔·本·塔格吉·伊赫希迪所作的哀悼诗，以此向身在埃及的艾布·伯克尔之子艾努尔表示慰问。"②这首诗没有收录在穆太奈比的诗集

---

① 参见伊本·阿迪姆著《阿勒颇历史求知》，第2册，第644页。
② 参见伊本·阿迪姆著《阿勒颇历史求知》，第2册，第675页。

中。也就是说，在此次久居埃及之前，穆太奈比曾经去过埃及。诗的开头写道："时间会分散齐聚，每天新事物涌现。"

马格里兹（逝于伊历845年）的记载也能够为穆太奈比两次前往埃及进行佐证。他记录道："穆太奈比在青年时期曾去过沙姆，历经沙姆各地，然后在伊历335年去了埃及。"[1]或许马格里兹，引用了穆萨巴西（逝于伊历420年）的记载[2]。

第五，巴哈·道莱·伊本·布维赫经常派自己的宰相艾布·哈夫斯前去拜访穆太奈比，向后者请教从埃及到库法之间的村落和水源的位置及相关情况。[3]据此推断，穆太奈比肯定是这方面的专家。

第六，此外，我们还可以从穆太奈比的诗歌中发现许多诗句，足以证明他对沙姆地区或者说沙漠地带的道路和水源非常了解，否则他不会在诗中对赛义夫·道莱说："我独自一人在荒野行走，直至坟墓和白骨亦为我惊叹。"[4]

在感染风寒后所作的那首诗中，我们看到穆太奈比呼吁卡夫尔还他自由。诗中写道：

翻山越岭、跨越荒漠，我无需向导；

烈日炎炎，昂首前行，我无需遮盖。

如果我眼花了，骆驼的眼睛就是我的眼睛；

---

① 参见马格里兹著《韵史》，第1册，第374页。

② 之所以说马格里兹引用了穆萨巴西的记载，是因为前者在伊历801年抄袭了后者史书（《埃及史》）第40册的内容。马格里兹当时应该拥有穆萨巴西所撰史书的全册内容，他从中引用了穆太奈比两次前往埃及的内容。伊本·阿迪姆也引用的是穆萨巴西的记载。

③ 参见伊斯法哈尼著《穆太奈比诗歌注释》，第22页。

④ 参见《穆太奈比诗集》，第324页。

它疲惫时的喘息就是我的喘息。

我无需向导就能找到水源，我只需要细数乌云中的闪电。①

卡夫尔等人认为穆太奈比没有向导就无法离开埃及，但是穆太奈比请求独自一人离开埃及。他无需向导，他熟悉沙漠，他知道水源在何处。他只需要细数乌云中劈下的闪电的数量，就知道如何能够找到降雨之处。②"阿拉伯人如果数到某处有一百下闪电，就确定那里在降雨。随后会有十多人朝着乌云和闪电的方向前去寻找水源。"这是穆太奈比的原话。

像穆太奈比这样自信对道路和水源了如指掌的人，难道还需要向导吗？

此外，穆太奈比还在诗中向卡夫尔表示，自己的朋友和伙伴们如果不了解道路和方向，都会请他做向导："我就是那颗启明星，照耀同伴前行之路，没有星光照耀，天空将被乌云笼罩。"③

随后，穆太奈比继续表示，他有能力离开，因为自己擅长在沙漠中寻找水源。他在诗中写道："阳光散发的炙热挂在骆驼之身，我忍耐干渴无需水源。"④

穆太奈比又继续用夸张的手法写道："这片土地我了如指掌，仿佛此处之路由我铺砌，亚历山大凭我之力将大坝建成。"⑤

在穆太奈比的诗集中还有许多类似的诗句。那么，为什么记叙穆太奈比生平的人，完全没有提及他如此了解沙漠、水源、谷

---

① 参见《穆太奈比诗集》，第475页。
② 参见瓦西迪著《穆太奈比诗集注释》，第676页。
③ 参见《穆太奈比诗集》，第479页。
④ 参见《穆太奈比诗集》，第479页。
⑤ 参见《穆太奈比诗集》，第73页。

地、荒漠，反而称他要求哈扎伊派一名向导呢？

据我推测，穆太奈比劳请比勒拜斯埃米尔阿卜杜勒阿齐兹·哈扎伊派遣的是一名护卫而非向导。护卫和向导可谓天差地别。

虽然我没有支撑这种论断的铁证，但是我几乎可以确信，哈扎伊在帮助穆太奈比从福斯塔特逃至比勒拜斯后，为他配备了一名护卫保护他继续前行，直至穆太奈比抵达安全区域。这才是穆太奈比所需要的，他当时辗转于埃及的各个部落，护卫能够保护他免遭卡夫尔派去捉拿他的人的毒手。

这种护卫是部落的基本习俗。护卫跟随被复仇的对象或是像穆太奈比这样的政治流亡者，保护其在各部落领地间辗转，避免被人抓住。

这才是穆太奈比向哈扎伊提出的请求。并且，穆太奈比从比勒拜斯出发后，这种情况多次发生，直至他抵达安全的区域。

马格迪西与穆太奈比生活在同一个时代，他如此描述穆太奈比即将面临的沙姆地区的荒野："这里的荒野广袤无边，许多阿拉伯人生活在这里。有人拦截过往之人……有人以武力为商队提供保护。但即使朝觐者有武力保护，仍然会遭到袭击，被抢走骆驼和财产。"①

既然如此，穆太奈比在穿越荒漠地区时，是需要向导还是护卫呢？穆太奈比自己也说，他经常住在不同的阿拉伯部落。他非常清楚自己所需要的帮助，现在他已经踏上前往这些部落的道路。穆太奈比从比勒拜斯到库法的旅途可以证明上述论断是正确的，下文将对此进行详细介绍。

---

① 参见马格迪西著《地区分类大全》，第252页。

逃亡之日

　　穆太奈比逃离福斯塔特几乎是一件不可能的事。根据在埃及见过穆太奈比的瓦西德·艾拉兹迪所述，穆太奈比当时决意逃离，并为此进行准备工作，但是他非常担心自己的生命安全受到威胁。[①]这也能够反映出，穆太奈比确实需要一名护卫来保护他，而不是一名向导。

　　逃离福斯塔特必须借助外部的帮助，这正是比勒拜斯阿拉伯埃米尔阿卜杜勒阿齐兹·哈扎伊向他提供的。

　　但是，光靠外部的帮助是不够的，还需要有人在福斯塔特内部为逃亡做准备工作，帮助穆太奈比摆脱严密的监视。只有在卡夫尔宫中担任要职的人才有此能力，因为从如此严密的监视中全身而退可谓一项不可能完成的任务。那么究竟是否有人为穆太奈比提供了这样的帮助？

　　也许有。

　　我们首先应该研究的是穆太奈比在离开埃及前创作的那首流传千古的离别诗，他在诗中讽刺卡夫尔：

　　　　节日啊，你将如何回到我的身边；是过去的重现，还是

---

① 参见巴迪伊著《穆太奈比生平之预言的清晨》，第113页。

焕然一新。①

对于这首讽刺诗的研究，或许能够帮助我们发现那位在福斯塔特内部帮助穆太奈比的人物。在他的鼎力相助下，穆太奈比才能够安全逃离。在我参考的史料中，马格里兹对穆太奈比在卡夫尔宫廷中生活的记载最为翔实。马格里兹在他撰写的史书中记载了两则非常关键的信息，这是其他史料都没有提及的：一是提到了穆太奈比的诗歌在宫中的地位；另一则更为重要，他详细叙述了穆太奈比逃离前所作的那首讽刺诗。

从第一条信息中我们可以知道，每逢节日来临，穆太奈比都是卡夫尔宫廷诗人所作诗歌的评判者。"每逢节日前夜，穆太奈比都会站在卡夫尔身前，挂剑而立。其余诗人则相继吟诵赞美卡夫尔的诗歌。每当一位诗人吟诵完自己创作的诗歌，卡夫尔便抬起头问道：'穆太奈比，你认为这位诗人水平如何？'"②似乎穆太奈比对这些诗人的评价，决定了他们能够获得什么样的赏赐。

第二则信息则与穆太奈比的逃亡策划有着紧密的联系。根据记载，穆太奈比决定逃离埃及后，给卡夫尔的一位幕僚艾布·伯克尔·法尔加尼写信称："我感到有些不适。我这里有一封很重要的信件，麻烦您在节日前一晚夜深后交给卡夫尔，向他转达我的节日问候，并且就我无法准时出席表示歉意。"③

法尔加尼拿走了信件，穆太奈比则在阿拉法特日当天，借人们忙于庆祝节日之际逃离福斯塔特。宰牲节前夕，卡夫尔与他

---

① 参见《穆太奈比诗集》，第485页。
② 参见马格里兹著《韵史》，第1册，第375页。
③ 参见马格里兹著《韵史》，第1册，第375—376页。

的诗人们共聚一堂，他问起穆太奈比并说："去把穆太奈比找来！"但是前去寻找穆太奈比的人迟迟未归。那天晚上，法尔加尼也没有急于将信件交给卡夫尔，而是直到次日凌晨才将信件交给卡夫尔。当时法尔加尼手里捧着蜡烛，对卡夫尔说："你的仆人穆太奈比给了我一封信件，他看起来身体状况不太好，他说信里有重要的信息！"

卡夫尔以为穆太奈比在信中讽刺他，他将信件拿在手上说道："派人去把穆太奈比找来。"但受命前去寻找穆太奈比的人发现，他已经逃跑了。

卡夫尔将信件放在蜡烛上，亲自将其焚毁，认为信里必然是讽刺和嘲笑。随后他开始辱骂那些没有善待穆太奈比的人（或许指的就是他的宰相伊本·罕扎巴）。事实上他对穆太奈比的离去亦感到难过和担忧。其他史料都未曾提及此事，但这是由埃及人马格里兹所记述的，因此更加可靠。

在此，我们必须仔细探讨下这则信息，他涉及穆太奈比逃亡的核心内容。首先，这位艾布·伯克尔·法尔加尼到底是谁？他能够与卡夫尔同坐一堂，显然是他的亲信。穆太奈比将自己创作的"讽刺诗"交给他，是否打算由他交给卡夫尔，以便卡夫尔读后能满足穆太奈比的要求？

显然，从"法尔加尼"这样的名字可以得知，他来自法尔加奈。根据雅古特所说，法尔加奈是与图尔库斯坦接壤的城镇，距离撒马尔罕50法尔萨赫（1法尔萨赫=6.24公里。——译者注）①。

这意味着什么？

---

① 参见雅古特著《列国志》，第4册，第253页。法尔加奈今天仍然位于乌兹别克斯坦境内。

事实上，它意义重大！

伊本·哈尔坎在撰写艾布·伯克尔·伊本·塔格吉生平时写道："他本名是穆罕默德·本·塔格吉，来自法尔加尼，被称为伊赫希德（即万王之王），他的祖先是法尔加奈国王，而艾布·伯克尔便是埃及和沙姆地区的伊赫什德王朝的缔造者。艾布·伯克尔于伊历330去世后，他年轻的儿子艾布·卡西姆·乌努朱尔即位，而卡夫尔当时担任他的摄政王，负责管理王国的政务，直至伊历449年卡夫尔逝世。"①综上所述，将穆太奈比所作诗歌转交卡夫尔的这位艾布·伯克尔·法尔加尼，应当是卡夫尔的主人——伊赫什德王朝统治者乌努朱尔的家族成员。

因此，我们可以得出结论，如果没有来自卡夫尔宫廷内部人士的精心策划，如果不是得到了艾布·伯克尔·法尔加尼本人的协助，穆太奈比不可能从福斯塔特逃至比勒拜斯。在此，我想探讨几个问题，以进一步凸显艾布·伯克尔·法尔加尼的作用——他是如何在穆太奈比宰牲节当天成功逃亡的事件中，扮演了至关重要的角色？

正如瓦西德所说，穆太奈比早就想要逃离福斯塔特，因为担心自己的安全而没有付诸行动。在这种情况下，他怎么会竭尽侮辱之词创作一首讽刺诗呢？

穆太奈比会如此愚蠢吗？甚至还让卡夫尔宫廷成员、卡夫尔的亲信和同僚将这首诗交给卡夫尔？

穆太奈比会如此愚蠢吗？让一位伊赫什德王朝统治家族的成员将这首诗交给他们的摄政王？

---

① 参见伊本·哈尔坎著《历代显贵名流生平》，第5册第56—58页，第4册第99页。

如果穆太奈比真的这么做了，那他确实是愚蠢的。用自己的生命冒险，必然会面临严重的后果。

如果我们再仔细研究下这则信息，我们或许可以得出以下这些结论。

首先，穆太奈比并没有委托任何人递交这首诗，以免走漏风声。

其次，艾布·伯克尔·法尔加尼应穆太奈比之邀前往，证明穆太奈比在他心中具有很高的地位，所以才会应邀前往穆太奈比处，并拿走那首诗。

再次，穆太奈比当时是在装病。如果艾布·伯克尔·法尔加尼忠于卡夫尔，如果他不知道穆太奈比是在捏造托词，他怎么可能不当面质问穆太奈比？

第四，穆太奈比还就转交信件的时间特别嘱咐艾布·伯克尔·法尔加尼，称必须在节日前夜、深夜时分。如果穆太奈比不是充分信任这位艾布·伯克尔·法尔加尼，他怎么可能如此叮嘱转交信件的条件和时机呢？穆太奈比选择在深夜，在卡夫尔独自一人的时刻转交信件，以免卡夫尔立刻派人追捕自己，借助这段时间，穆太奈比便有机会逃到安全的地方。

第五，令人惊讶的是，艾布·伯克尔·法尔加尼并没有按照穆太奈比的要求，在宰牲节前夜、深夜时分、卡夫尔独自一人之际转交信件，而是进一步拖延至节日当天晚上才转交！

这难道不足以证明穆太奈比和艾布·伯克尔·法尔加尼之间的默契吗？法尔加尼显然是在为穆太奈比的逃亡助一臂之力，给穆太奈比争取更多的时间以抵达哈扎伊处。

第六，不仅如此，宰牲节当天，当卡夫尔与他的诗人们共聚一堂时，他发现穆太奈比没有像往常那样出席，吟诵诗歌并对其他诗人的作品进行评论。卡夫尔派人去找穆太奈比，但是他派去的人也迟迟未回，没有迅速将卡夫尔的命令执行到底。这或许能够证明，被派去寻找穆太奈比的下属也参与了穆太奈比的逃亡策划。

这些都可以从侧面推断出，艾布·伯克尔·法尔加尼早就打点好了卡夫尔宫中的官员，以确保穆太奈比能够安全出逃。

第七，艾布·伯克尔·法尔加尼写信给卡夫尔说："你的仆人穆太奈比给了我一封信件，他看起来身体状况不太好。他说信里有重要的信息！" 他采用了这种方式！穆太奈比明确说过，信中内容是向卡夫尔致以伊历350年宰牲节的祝福，他怎么可能不知道信中的内容？他和穆太奈比都知道，将这封信件称为贺信正是对卡夫尔的嘲笑和讽刺！

第八，接着让我们来分析艾布·伯克尔·法尔加尼的这句话——"他看起来身体状况不太好。"这难道不就意味着，艾布·伯克尔·法尔加尼和穆太奈比见过面？法尔加尼在转交信件给卡夫尔的时候还说："他说信里有重要的信息！"法尔加尼见到穆太奈比的时候难道没有看穿他是在装病？穆太奈比交完信件后难道不是立刻逃走了？病人又怎么能够出逃呢？

我认为马格里兹的上述记载是真实的。那么艾布·伯克尔·法尔加尼为什么如此尽心竭力地与穆太奈比里应外合，如此不遗余力地助他策划出逃呢？

我认为可能有以下这些原因。

第一，艾布·伯克尔·法尔加尼认为，他本人或者家族中的某位成员，比卡夫尔更有资格治理国家，担任年幼的伊赫什德王朝埃米尔乌努朱尔·法尔加尼的摄政王。从这一点来看，他与人称艾布·舒贾阿·法提克的立场相近，后者与卡夫尔的分歧路人皆知，因此愤而离开福斯塔特，迁至上埃及地区。除此之外，最能够表明伊赫什德王室成员普遍不满卡夫尔的迹象，莫过于瓦西迪记载的卡夫尔与他的君主乌努朱尔两人间的矛盾，这种矛盾持续了很久才得到解决。穆太奈比在他的诗中曾提及两人的矛盾与和解："和解熄灭了敌人的怒火，和嫉妒者的谣言。"①

第二，如果没有艾布·伯克尔·法尔加尼在出逃当日的协助，穆太奈比如何能够突破对他本人和住所的严密封控，逃避所有的眼线？这当然得益于艾布·伯克尔·法尔加尼在卡夫尔宫廷中的重要地位，及其手下的协助。

第三，我们还必须将穆太奈比对伊赫什迪家族的好感纳入研究的范畴。拉马拉埃米尔伊本·塔格吉·伊赫希迪曾赠予穆太奈比大量礼物和华服，法提克·伊赫希迪曾是穆太奈比在埃及的挚友。因此，穆太奈比在埃及期间创作的最杰出的赞诗是写给法提克的："你既不能赠他骏马，也无法送他钱财，那就用诗句来赞美他吧。"②

这个名单还要加上艾布·伯克尔·法尔加尼。这三人有一个共同的、众所周知的目的，即巩固伊赫希迪家族在埃及的统治，因此他们都反对卡夫尔。法提克逝世后不久，穆太奈比便逃离了埃及。这足以说明，穆太奈比是在他逝世后决定逃离的，因为埃及已经没有任何值得穆太奈比留恋的人与事了。或许，穆太奈比的这种境遇引起了艾布·伯克尔·法尔加尼的同情。因此，在卡

---

① 参见瓦西迪著《穆太奈比诗集注释》，第656页。
② 参见《穆太奈比诗集》，第502页。

夫尔报复穆太奈比，使他在埃及的状况极为窘迫后，艾布·伯克尔·法尔加尼决定帮助穆太奈比，将他救出这个大牢笼。

上述便是我的推测。就这样，穆太奈比内有艾布·伯克尔·法尔加尼协助，外有哈扎伊支援，最终成功地逃出埃及。

穿越西奈

显然，只有当穆太奈比受到可靠之人保护，不会被卡夫尔的手下加害时，艾布·伯克尔·法尔加尼才会对穆太奈比的状况放下心来。因此，我们可以推断，穆太奈比受到了阿卜杜勒阿齐兹·哈扎伊和比勒拜斯民众的全面保护，从福斯塔特安全抵达比勒拜斯。那么，到达比勒拜斯后的下一站又是哪里？

似乎穆太奈比会继续北上前往沙姆，也就是原路返回，因为他非常熟悉这条道路。但另一方面，到底走哪条路并不是一个能够轻易决定的问题。因为卡夫尔的手下和眼线必定遍布这条北上的道路。穆太奈比和哈扎伊都觉得走这条路太危险。

令人惊奇的是，穆太奈比在诗中从未提及卡夫尔派人向东、西、南三个方向追捕他。卡夫尔把全部人手派往侯菲因、贾法尔、加沙、沙姆等地，这些都是从福斯塔特经比勒拜斯前往沙姆地区道路上的标志性地点。伊本·胡尔达兹比赫对这些道路有详细的记载，其中包含适合冬季和夏季通行的路线、沿海路线和内陆路线，还包括各条路线又衍生出的其他路线。

既然沙姆地区的这些道路都危险重重，那么唯一的替代路线就是向东穿越西奈荒漠。虽然这条路崎岖难行、遍布艰难险阻，但是从某种意义上而言它反而更加安全。从穆太奈比出逃的时机以及他此后创作的诗歌来看，这条路线是最优的选择。

我们首先需要回答这个问题：穆太奈比选择何处作为从西向东穿越西奈荒漠的起点？

在开始讨论这个问题并对其进行考证和调查前，我先介绍一下其他当代学者关于穆太奈比流亡路线的观点，其中有我赞同的，也有我反对的，然后我再阐述我所认为的正确答案。

据我所知，穆齐勒是首位在现代研究中涉及穆太奈比流亡内容的学者。他认为："正如穆太奈比在诗中对公历961年流亡的描述，他沿着纳赫勒路从科立斯马海（即红海）抵达尼卡卜（今拉斯纳格卜），随后向东南方向前行抵达古拉谷地……"①

穆齐勒关于穆太奈比穿越西奈半岛的记载并没有给我提供新的线索，但是其中一处内容或许促使他对穆太奈比逃亡路线做出如下的推论，即"穆太奈比决定从科立斯马海出发"。既然我们认为穆太奈比首先前往比勒拜斯，然后经科立斯马海北部的道路前往西奈，那么这种记载就是不准确的，我将在下文予以分析。

第二个就是艾哈迈德·拉姆齐教授的观点。他在详细指出埃及各阿拉伯部落的聚居地后，提到了穆太奈比为盖斯·埃兰部落所作的赞美诗，并对这首诗进行了评论。他说道："如果穆太奈比提到了比勒拜斯的盖斯·埃兰部落（他们的首领是阿卜杜勒阿齐兹·哈扎伊），那么他赞美这个部落是为了引起卡夫尔的注意，让后者以为他会北上途经豪夫部落，将抓捕他的人派往这个方向。但是穆太奈比却选择了另一条道路，他并没有前往三角洲地带，而是

---

① 参见穆齐勒著《阿拉伯沙漠》，第522页。

从福斯塔特南下抵达苏伊士湾，然后向东穿越西奈。"①

艾哈迈德·拉姆齐还记载道："当时卡夫尔统治着埃及和沙姆地区南部，穆太奈比如何能够逃出他的手心？此次流亡之旅值得研究。我自两年前就试图找到纳吉阿泰尔这个地方，他是穆太奈比流亡之旅首段路途的中间点。我参考了手头所有的资料，都没有找到这个地方。"

对于这段内容，我总结了以下五点：

1. 艾哈迈德·拉姆齐教授基于什么材料做出论断，称穆太奈比在离开福斯塔特前创作了那首赞颂比勒拜斯阿拉伯人和他们首领的赞诗？

2. 艾哈迈德·拉姆齐教授认为，穆太奈比赞颂比勒拜斯的盖斯·埃兰部落及其首领（哈扎伊），是为了误导卡夫尔，让后者认为穆太奈比将向北逃亡，这种说法奇怪至极。面对这样一位统治埃及和沙姆南部地区的强大的掌权者，穆太奈比作为想要逃离其魔爪的诗人，怎么可能在自己逃亡前误导统治者，为自己的逃亡做掩护？如果卡夫尔或者其手下的情报人员读到了这首诗，必然马上下令逮捕穆太奈比。如果穆太奈比当真考虑这样做，那就是愚蠢至极。穆太奈比如此聪慧，不可能做出这样荒谬的行为。

3. 穆太奈比赞颂比勒拜斯阿拉伯人及其首领哈扎伊的诗句，显然是在得到他们巨大帮助后所创作的，即帮助穆太奈比出逃并保护他的安全。下文还将对此进行阐述。

4. 艾哈迈德·拉姆齐教授关于纳吉阿泰尔的叙述则是正确的。在他那个年代即六十多年前，当时的史料和地图都无法明确

---

① 参见拉姆齐著《穆太奈比从埃及至库法的逃亡路线》下篇，载《使命杂志》第958期，公历1951年，第1278—1279页。

纳吉阿泰尔或纳吉赫泰尔的位置。

5. 艾哈迈德·拉姆齐教授认为纳吉阿泰尔是穆太奈比逃亡之旅首段的中间点，这是不准确的。事实上，它是穆太奈比穿越西奈时途经的首个城镇，而非中间点。

第三位是叶海亚·杰卜尔博士。他的著作是详细记载穆太奈比逃亡事件最重要的资料，但是他的这部著作结构松散、内容混杂、含糊不清、篇幅冗长，并且缺乏明晰的结构划分。

叶海亚·杰卜尔博士就穆太奈比穿越西奈荒漠的路线提出了五种推测，每种都列出了较为确凿的证据，但是并没有断言某一条为最有可能的路线。因此，他的研究无法帮助读者确定穆太奈比逃亡的路线，以及穆太奈比如何走出这片广袤荒漠。

在此，我谨对他提出的五种可能[①]进行简要的陈述，与读者共同讨论每种可能的正确性。

1. "穆太奈比最有可能选择的是与开罗—苏伊士沙漠公路平行的一条道路，其位置略微高于北纬30°。穆太奈比途经的主要区域都在北纬30°上下不远的位置。"

前半部分的观点似乎是正确的。我们提到过，穆太奈比逃离福斯塔特后，向东前往苏伊士，然后穿越西奈。没有证据表明穆太奈比离开福斯塔特后直接北上前往比勒拜斯。但是叶海亚·杰卜尔称穆太奈比所走的路线与北纬30°平行则不太正确，因为穆太奈比所走的道路远远超过北纬30°，到达了约旦西北部的拉斯萨万，该地区几乎位于北纬32°的位置，这个位置正是穆太奈比始终渴望到达的区域。因为在略高于北纬32°的东边，坐落着穆太奈比

---

① 参见叶海亚·杰卜尔著《穆太奈比逃亡路线考证》，第73页，载《阿拉伯语大厦》杂志。

的目的地——库法。所以，认为穆太奈比所走路线位于北纬30°上下是不准确的。

2. 叶海亚·杰卜尔博士又提出了第二条可能的路线。"穆太奈比所走的那条路或许就是西奈历史上的'舒阿维大道'。它起于苏伊士湾海角，向南延伸，直至亚喀巴。"[①]这一推测的部分内容或许也是正确的。舒阿维大道是埃及朝觐大道南侧的一条道路，它经过西奈中部纳赫勒市西南方向的舒阿维山，这条路因此以山名命名。但是这条路向东而不是向南延伸。此外，舒阿维大道并不像叶海亚·杰卜尔所说那样止于亚喀巴，而是通至其南部。

3. 叶海亚·杰卜尔博士提出了第三条可能的路线，他更倾向于这就是穆太奈比穿越西奈的路线。

"我们认为，穆太奈比抵达丹纳赫勒后，直接前往昆提莱，并没有向东前往萨马德和亚喀巴。"叶海亚·杰卜尔提道："这条道路很有可能在朝觐之路开辟以前就被人们使用。萨拉丁的大军正是经由这条路进攻卡拉克和舒巴克。这条路上最主要的定居点包括：谢特苏伊士、米特拉、拉哈谷地……它在乌姆赛义德井以北方向，穿越阿莱什谷地，然后经古莱丝谷地直通萨马德。"

上述内容存在明显的矛盾。他首先明确表示，穆太奈比所走的道路并非通往萨马德和亚喀巴，随后却指出，这条道路通向萨马德！到底哪种说法才是正确的？昆提莱在东北方向，而萨马德则在南部。我想在此指出的是，杰卜尔博士在确定这条路线时将多条穿越西奈的道路混淆了，包括：

---

① 舒阿维路并不向南延伸，而是向东。

- 纳赫勒—昆提莱大道。它起自纳赫勒，向东北延伸至昆提莱，然后抵达泰尔班。

- 埃及朝觐大道。它起于纳赫勒，向东南延伸，途经萨马德和亚喀巴湾沿岸的拉斯纳格卜，最后到达亚喀巴。

- 舒阿维大道。它位于埃及朝觐大道南部，并不经过萨马德，而是向南抵达拉斯纳格卜和塔巴。这条路绝非穆太奈比穿越西奈的路线。如果走这条路，那么在路的尽头必须坐船渡过亚喀巴湾才能抵达东岸。

- 萨拉丁大道。穆太奈比绝对不可能放弃上面三条路线而选择这条路线。

我想对萨拉丁大道这条路线稍作解释。如果杰卜尔博士是指萨拉丁的军队经舒阿维大道或通往萨马德的朝觐大道行军，那么他就违背了史实和逻辑！萨拉丁不可能率领他的大军，从纳赫勒向东南方向的萨马德进军。因为萨马德大概位于北纬29° 30′，而他想要攻打卡拉克和舒巴克，这两座城镇位于纳赫勒东北部，大约在北纬31° 11′和30° 11′的位置。卡拉克位于死海东岸，舒巴克则位于死海南岸。此外，萨拉丁在亚喀巴驻有强大的军队，用以保护朝觐队伍和商队，确保自己不会腹背受敌。既然他进攻的目标在东北方向，他为什么要前往东南方向的萨马德或者东部的昆提莱呢？这难道不足以证明，杰卜尔博士的研究不够准确吗？无论如何，萨拉丁都应该从纳赫勒向东北行军，攻克卡拉克和舒巴克。所以，这条路线绝不可能是穆太奈比穿越西奈荒漠的路线。

4. 现在我们来讨论一下杰卜尔博士提出的第四条可能路线。他写道：“我们认为，穆太奈比可能从纳西莱谷地出发抵达纳赫勒，然后途经乌姆阿里山、亚喀巴谷地（并非亚喀巴市）、穆赫希米谷地……这表明，穆太奈比从纳赫勒出发，途经昆提莱山路，穿越穆赫希米谷地，然后到达泰尔班。”[①]这种推测存在两个问题。

首先，凡是读过穆太奈比诗歌的人都可以推断出，穆太奈比在穿越西奈时，没有走昆提莱山路到泰尔班，而是走的亚喀巴山路，具体路线是：萨马德—拉斯纳格卜—艾莱—纳格阿，然后向北抵达泰尔班。这是有确凿证据可以证明的。

其次，杰卜尔博士本人也承认这个事实，他在讲述这条道路的艰难时援引他人记载，称：“在苏伊士和泰赫高原间来往的旅客会面临诸多困难。其一是沙丘地带，其二是前往亚喀巴必经的山路，其三则是饮水问题！”[②]杰卜尔博士提及的这条通往亚喀巴市的山路到底是指哪条？是北面的昆提莱山路？还是南面的亚喀巴—拉斯纳格卜山路？这也是杰卜尔博士混淆的地方。

5. 现在我们来讨论下杰卜尔博士提出的第五条可能路线。他写道：“我们认为，穆太奈比选择的那条路与埃及的朝觐大道平行，位于其南面。因为朝觐大道南部的区域，特别是位于西奈的部分，水源最为充沛。”我对此提出了三个重要的问题。第一，埃及朝觐大道南部只有舒阿维大道一条道路，前面已经提及，为什么要重复？第二，杰卜尔博士称这条道路所在区域水源“最为充沛”，这一点有待商榷。如果他所言无误，那么前去朝觐的人为什

---

① 参见叶海亚·杰卜尔著《穆太奈比逃亡路线考证》，第74、79页。

② 参见叶海亚·杰卜尔著《穆太奈比逃亡路线考证》，第74页。

么不走这条道路，却选择干旱缺水的道路呢？既然其他人都没有发现这条道路，穆太奈比又是如何凭一己之力发现这条水源充沛的道路呢？第三，杰卜尔博士提到"特别是位于西奈的部分"，这种说法可以说是臆想，似乎这条道路延伸至西奈以外地区。

事实上，无论是舒阿维大道还是其他位于朝觐大道南部的道路，都止于亚喀巴湾西岸。那么，除了上述五条路线外，还有其他道路从西向东穿越西奈吗？我认为没有了。既然如此，杰卜尔博士的研究有什么创新之处呢？他给出了什么样的结论呢？

在我看来，穆太奈比穿越西奈时，没有选择上述任何一条道路，而是自己开辟了一条道路，确保自己能够到达安全的彼岸。在开始探讨穆太奈比所走的路线前，我必须先说明一件事，这有助于我们确定穆太奈比独自穿越西奈的起点。对穆太奈比逃离福斯塔特之事进行研究后，我验证了这样一种观点，那就是：穆太奈比在阿卜杜勒阿齐兹·哈扎伊的亲自保护下，抑或在阿卜杜勒阿齐兹·哈扎伊率领的部落成员们的保护下，向北前往比勒拜斯。穆太奈比显然在比勒拜斯停留了一小段时间，直至他的身心状态恢复正常，然后与他的保护者共同做出了这个重要的决定：向东前往西奈。他应该如何前往西奈？走哪条路呢？他有两个选择。一是朝苏伊士西南方向出发，途经阿吉鲁德，然后向东进入西奈。但是这条路线太危险了，因为它靠近福斯塔特，很可能沿途遍布卡夫尔的眼线。那么第二条道路在哪里？在讨论这条路线之前，我们必须承认，对于一名逃亡者来说，他总是会选择最安全的路线，不论这条路多么艰难，这是符合逻辑的。因此，穆太奈比穿越西奈期间，根据实际情况和安全所需，从一条路换到另一条路，并不令人感到意外。

穆太奈比在比勒拜斯做客于哈扎伊处，过了一段时间，他调整好了自己的心态，不再感到危机四伏。当穆太奈比和哈扎伊确认没有被卡夫尔的眼线发现后，决定开始行动。但是，向北走沙姆大道是不可能的。因为卡夫尔早已派人去那里伺机抓捕他，甚至认为穆太奈比只知道这条来埃及时走过的道路。

我几乎可以断定的是，穆太奈比一行人沿直线朝比勒拜斯东面行进，越过伊斯梅利亚南部，或者更准确地说，是位于鳄鱼湖之南和大苦湖之北。在通过这个地区并进入西奈后，穆太奈比一行人向南进发，苦湖便成了他们与苏伊士湾西部和北部危险区之间的天然屏障。他们随后抵达源自苏伊士湾向东延伸的埃及朝觐大道，继续向南移动。

但是我们或许会提出这样一个问题：当时人们仍在麦加履行朝觐仪式，他们为什么要越过朝觐大道而不是沿着它向东走呢？这是因为，这条道路并非只有朝觐者才会走，往来于沙姆和埃及的商队也会走这条路。虽然绝大多数商队成员都在庆祝宰牲节，但是穆太奈比还是必须倍加小心。因此，穆太奈比及其护卫在穿过朝觐大道后，继续向萨德尔谷地前行，从谷地的西边走上向东延伸的舒阿维大道，一路前行。

为什么选择舒阿维大道呢？因为走这条路的人较少。无论是朝觐者还是商队，都会选择埃及朝觐大道，极少有人走舒阿维大道，所以走这条路更加安全。因此，穆太奈比一行人在南下后，选择舒阿维大道向东前行。舒阿维大道一路向东直至泰赫地区，这也是穆太奈比一行人的目的地。从那里起，穆太奈比孤身一人穿越西奈的故事即将拉开帷幕。

但是在此之前，我们必须回答以下几个问题：如何证明穆太奈比从福斯塔特出发直至抵达泰赫的过程中，始终有护卫随行？这是一个很重要的问题，我们需要有令人信服的证据，能够揭示穆太奈比逃亡的细节。或许下文能够给我们提供这样的证据。

穆太奈比作诗赞美自己的骆驼和马匹，记录自己如何在艰难困苦的境遇中依靠它们渡过难关。比起美丽的姑娘，他更喜欢自己的骆驼和马匹。他在诗中写道：

> 女人走路摇摇摆摆，骆驼疾跑迅驰如风。
>
> 每一头疾驰的骆驼都属于巴贾维人，它们奔跑姿势最为英俊潇洒。
>
> 骆驼是生命之绳，助你战胜敌人，躲避伤害。
>
> 我骑着骆驼前往泰赫，像个冒险家，不成功便成仁。①

第一个问题：穆太奈比在诗中提及骆驼和马匹后，为什么会说"我骑着骆驼前往泰赫"？为什么穆太奈比以第一人称单数来形容他从泰赫开启的旅途，认为自己有能力克服艰难险阻穿越泰赫地区？

我们知道穆太奈比从福斯塔特出发，先到比勒拜斯，然后继续向东，进入西奈后途经多条道路才抵达大约位于西奈中部的泰赫。但是在这首诗的开头处，穆太奈比为什么没有提及泰赫之前的任何一处地名？

如果他是孤身一人的话，那么从福斯塔特出发后，他难道不该将诗句内容改成"我骑着骆驼前往荒野"？"荒野"是穆太奈

---

① 参见《穆太奈比诗集》，第496—497页。

比偏爱的一个词，在他的诗中经常出现，例如在下面这首讽刺卡夫尔的诗中多次出现：

> 节日啊，你将如何回到我的身边；
>
> 是过去的重现，还是焕然一新。
>
> 荒野将我与爱人隔开，但我希望我们之间横贯一片片荒野。[①]

这说明了什么？这难道不意味着，穆太奈比从逃离福斯塔特至抵达泰赫谷地期间，身边始终有人保护他，并且携带着充足的饮水和干粮，而从泰赫才真正开始孤身一人的旅途？我几乎可以断定情况就是这样。

第二个问题：穆太奈比的护卫为什么在到达泰赫后让他独自前行，而没有继续跟随他直至穿越西奈？我认为可能有两方面的原因。一是位于西奈中部的泰赫地区是危险的荒漠，几乎没有人通行，只有迫不得已的人才会穿行这个地区，正如诗句所说：

> 不要独自一人，脱离向导，穿越泰赫，你将在那里遇见死神。最可靠的人也会发来警示，当心泰赫。[②]

二是穆太奈比并不惧怕泰赫谷地，他熟知沙漠、荒野、山地和盆地，只有穆太奈比这样的人才能安全通过泰赫这样的区域。穆太奈比相信自己，同时也让随行的护卫对他成功穿越感到放心，因此在穿过那些他们认为存在危险的、有人居住的区域后，

---

① 参见《穆太奈比诗集》，第485页。

② 参见齐亚尼著《海陆世界见闻》，第219页。

便让穆太奈比独自一人继续他的逃亡。

当穆太奈比开始真正独自逃亡后，他在诗中以第一人称单数的口吻并带着极为自豪的语气，将生死置于同等位置，这或许就能够证明，他从福斯塔特到泰赫期间确实有人随行保护。"我骑着骆驼前往泰赫。"①

综上所述，我们几乎可以肯定，穆太奈比从泰赫地区开始了他孤身一人的真正逃亡。在这首诗的前言中已经对此有所暗示，而在诗句中则明确表达出来。诗的前言写道："穆太奈比穿过纳吉赫泰尔后到了拉斯那，几天后到达泰赫中被称为纳赫勒的水源。"②这是穆太奈比在开始逃亡后首次提及的几个地名，它们具体在哪里呢？纳吉赫泰尔在哪里？拉斯那在哪里？泰赫地区中的纳赫勒又在哪里？

我基本上知道上述几个地名的具体位置，但是在此之前，我要先探讨下杰卜尔博士对这几个地方位置的分析。他用了很大的篇幅对此进行讨论，但是在我看来，问题没有这么复杂。让我们先讨论纳吉赫泰尔，它是最难定位的。雅古特曾说："纳吉赫泰尔位于埃及和泰赫之间，穆太奈比曾经提及，我引用的是哈利迪的说法。"③

因此，纳吉赫泰尔既不在埃及境内，也不在泰赫地区域内，而是在两者之间。

杰卜尔博士在确定纳吉赫泰尔位置时说："我认为，埃及（开罗）和泰赫（西奈）之间，有一片广袤的沙漠，其中有一条

---

① 参见《穆太奈比诗集》，第497页。
② 参见《穆太奈比诗集》，第489页。
③ 参见雅古特著《列国志》，第5册，第272页。

道路通向苏伊士。我们认为，纳吉赫泰尔就在阿塔格山的北面和欧贝德山的南面。"[1]

我认为，这个位置是完全错误的。首先，杰卜尔博士认为，埃及就是开罗，而泰赫就是西奈。但是，埃及并不是当代人所指的开罗，我不知道杰卜尔博士为什么会这么说。泰赫也不是整个西奈，只是其中的一部分。他还认为，纳吉赫泰尔位于前文所述的两座山之间，这真是错得离谱。因为这两座山都位于苏伊士西面，如果纳吉赫泰尔真的位于这两座山之间，那么雅古特所言就是错误的，他应当说"位于福斯塔特和苏伊士湾之间"，但如果这样，纳吉赫泰尔就位于西奈之外了。

雅古特还提到了泰赫，他这么说必然是为了确定纳吉赫泰尔的位置。因此，杰卜尔博士对纳吉赫泰尔的定位是完全错误的。或许杰卜尔博士也同意我们的观点，因为他还提出了纳吉赫泰尔另一个可能的位置。这一次，他提出的位置位于西奈境内，而不是在苏伊士湾西面。杰卜尔博士说："我们在史料里没有找到这个地方。但是我们找到了一处名为'纳瓦泰尔'（纳瓦泰尔是复数名词，其单数音译为纳图尔，意为守护者。——译者注）的地方，它是朝觐大道沿线的定居点，位于阿吉鲁德和阿莱瓦之间，在苏伊士西北面。我们认为，穆太奈比的逃亡路线可能在此与朝觐大道交会，后人将'纳吉赫泰尔'误写为'纳瓦泰尔'。"也就是说，杰卜尔博士认为，纳瓦泰尔就是纳吉赫泰尔，只是名字被篡改了。

这种说法非常奇怪，纳吉赫泰尔的名称无论怎么被篡改，也

---

[1] 参见叶海亚·杰卜尔著《穆太奈比逃亡路线考证》，第74—75页。

不可能变成三处相距甚远的地方的名称，我们可以在西奈地区的地图上分析下这三处地方。

第一纳图尔。

第二纳图尔。

第三纳图尔。

我之所以分三行来写，是因为他们相互之间距离遥远，或许杰卜尔博士忽略了这一点，才会做出这样的推断。此外，"阿吉鲁德"位于苏伊士湾西面，用阿吉鲁德来确定纳瓦泰尔的边界，意味着纳瓦泰尔不在西奈境内。因此，这种关于纳吉赫泰尔位置的推断也是错误的。

但是杰卜尔博士似乎不满足于仅提出这两种可能，他还列举了其他的可能性，其中不乏一些缺乏严谨客观的内容。在我看来，这个问题没有那么复杂，而且杰卜尔博士的观点与事实相去甚远。

那么，纳吉赫泰尔到底在哪里？

有一点我完全赞同杰卜尔博士，那就是穆太奈比逃亡期间途经的许多地方，其名称在流传过程中便被篡改或误录了。对于千年前发生的事件，这种情况实属正常，这也是下文讨论和确认逃亡路线所经地区和水源名称时面临的困难。

纳吉赫泰尔在哪里？

它在泰赫谷地入口处。

我们需要一些篇幅来阐述纳吉赫泰尔的具体位置。

首先来探讨下这位"哈利迪"，雅古特说他援引了哈利迪手稿中记述的内容。伊本·阿迪姆称："艾布·阿卜杜拉·侯赛因给我寄来了关于穆太奈比被杀的信件。信上写着：'我是从艾布·巴克尔·穆罕默德·本·哈希姆·哈利迪那里得到的消息，他是那两位著名的哈利迪家族成员之一。这是他最后记录穆太奈比诗作的一份信件，并且提及了穆太奈比的死亡。'"①

伊本·阿迪姆还说："伊历355年，穆罕默德·本·哈希姆·哈利迪在摩苏尔亲笔写下了他最后的著作。"②

这些转述说明了什么？

说明这位被雅古特援引记载的穆罕默德·本·哈希姆·哈利迪，是编纂《哈马赛诗集》的哈利迪家族一员，他与穆太奈比生活在同一个时代。因此，他对纳吉赫泰尔的了解与穆太奈比是相同的。

此外，这位被援引的哈利迪不仅仅是穆太奈比诗集的誊写者，还是他生平事迹的收集者。伊本·阿迪姆援引他关于穆太奈比死讯的记载可以为此佐证。

综上所述，雅古特援引的关于纳吉赫泰尔的内容是可靠的。③然而更为重要的是，我们需要知道埃及的东部边境线在哪里，这样我们就能推测出泰赫的西部边境线。知道边境线的位置后，我们离确定纳吉赫泰尔的位置就更进一步了。

至于杰卜尔博士关于"埃及（开罗）和泰赫（西奈）之间，有一片广袤的沙漠，其中有一条道路通向苏伊士"的说法，则是彻底错误的。原因如下：

第一，雅古特援引哈利迪记载所说的埃及，并不是我们当代所理解的开罗地区，这在上文已经做了说明。

---

① 参见伊本·阿迪姆著《阿勒颇历史求知》，第2册，第682页。
② 参见伊本·阿迪姆著《阿勒颇历史求知》，第2册，第685页。
③ 参见雅古特著《列国志》，第5册，第272页。

第二，在穆太奈比生活的那个年代，无论是哈利迪记录穆太奈比生平之时，还是穆太奈比游历埃及之际，开罗城都还没有建造，这座城市建于法蒂玛王朝时期。

第三，杰卜尔博士认为西奈与埃及是相互独立的，实则不然。西奈西部的部分区域当时位于埃及境内，而东部的泰赫谷地以及谷地以东的区域则不属于埃及。这对于确认纳吉赫泰尔的位置至关重要。

与穆太奈比同时代的伊本·豪卡勒在确定埃及边界时说："埃及领土自罗马海（即地中海）沿岸的亚历山大起，直至绿洲腹地，然后延伸至努比亚。它东至库尔祖姆海（即红海），沿库尔祖姆海向南延伸，同时越过至库尔祖姆海到达西奈半岛的图尔。然后再绕过泰赫折回罗马海和亚历山大。"①

伊本·豪卡勒在另一处地方还写道："从库尔祖姆海到泰赫需要经过六个路段，从泰赫到罗马海大约八个路段。"②

这意味着什么？

也就是说，在西奈半岛域内，埃及领土在东西方向上从库尔祖姆海到泰赫只有六个路段，在南北方向上从泰赫到罗马海大约为八个路段。这则信息非常重要。它向我们证明，雅古特所引用的哈利迪的记载是正确的。纳吉赫泰尔确实在埃及和泰赫之间，它位于埃及东部边境和泰赫西部边境之间。

还需要说明的是，"之间"这个词在文中指的是，纳吉赫泰尔既不在埃及境内，也不在泰赫境内，而是在两者之间的区域。

上文提及，穆太奈比在哈扎伊的保护下，走了一段舒阿维大

---

① 参见伊本·豪卡勒著《诸地形胜》，第132页。
② 参见伊本·豪卡勒著《诸地形胜》，第143页。

道，这条大道直通亚喀巴湾和尼卡卜附近。而舒阿维山则坐落在进入泰赫前的门户地区，根据伊本·豪卡勒的记载，整座山均处于埃及境内。在舒阿维山的西南方向便是纳吉赫泰尔山。

但是千年之后，这些记载显然经过了篡改和增删，在当代地图上的地名变成了"拉斯伊本纳吉阿山"。

我将会对所有的变化逐一分析，让整件事情一目了然。

"拉斯"（该词在阿拉伯语中意为角、头部，如海角。——译者注）一词出现在西奈、库尔祖姆海地区二十多处地名中，是一个常见的地名词，因此它的出现并不重要。

"伊本"（该词在阿拉伯语中意为儿子。——译者注）这个词是后加上的，它可能源于千年来某位山民，或居住在山区周围的人，或出生在附近的人。直到近代，这种命名方式在内志地区的游牧民族中仍是很常见的。根据我的了解，各地游牧民族的习俗是相近的。例如内志人称著名诗人艾拉阿希为伊本·曼福哈或曼福哈之子，因为这位诗人在曼福哈出生或长大。

而"纳吉阿"一词则证明这个地方正是我们所寻找的纳吉赫泰尔，或许是因为整个地名太长了，所以删去了后半部分。或许有人会问："纳吉赫"一词如何变为"纳吉阿"？

这个问题的答案其实昭然若揭。

伊尔比利在他的著作《从文学瑰宝窥探阿拉伯语》中分析了起提示功能的"أما"一词的用法："有的人用'هاء'（发音近似于'赫'。——译者注）替代'ا'，有的人则用'عين'（发音近似于'阿'。——译者注）替代，因为这三个字母都是喉音，在发音时比较相似。"①

所以，"纳吉赫"中的"هاء"（赫）和"纳吉阿"中的
"عين"（阿）是两个可以相互替换的喉音字母，"纳吉赫"就这
样变成了"纳吉阿"。

可以作为佐证的是，拉姆齐教授在撰写穆太奈比逃亡之旅
时，由于深受现代埃及命名的影响，当提及纳吉赫泰尔时，自然
而然地将其写为"纳吉阿泰尔"，因为这个名字在埃及非常普
遍，我已发现三十多个城市和村庄的名称都以"纳吉阿"开头，
如：纳吉阿哈马迪、纳吉阿萨阿、纳吉阿迪尔、纳吉阿赛义德等
等，当然，还有纳吉阿泰尔。因此，我认为这里就是纳吉赫泰
尔，它的位置以及邻近的舒阿维山都是强有力的证据。

穆太奈比到纳吉赫泰尔有着特殊的含义。它表明哈扎伊充分
履行了对这位伟大诗人的诺言，帮助他逃离了埃及，将他送到泰
赫。很少有人会穿越泰赫地区，只有像穆太奈比这样预见到自己
留在福斯塔特的悲惨命运、下定决心离开的人，才会选择穿越
泰赫。

穆太奈比这样做一点也不奇怪。伊斯法哈尼曾记述穆太奈
比，称："他进入了泰赫，途经村庄和聚居区，穿越荒漠和无人
之地，寻找水源，但也遇到死水潭。"②

穆太奈比自己亦在诗中写道：

我骑着骆驼前往泰赫，像个冒险家，不成功便成仁。

---

① 参见伊尔比利著《从文学瑰宝窥探阿拉伯语》，第336—337页。
② 参见伊斯法哈尼著《穆太奈比诗歌注释》，第13页。

如果骆驼遇险害怕，我就骑上马，抽出利剑，提起长矛。[1]

泰赫地区到底有什么样的艰难险阻，以至人们都发出了不要单独穿越的警告？

穆太奈比是一位勇敢的冒险家，他可以坦然面对死亡，但是他不能忍受在卡夫尔那座宽广但充满压迫感的监狱中屈辱地活着。就这样，穆太奈比的骏马和长矛成为他的骆驼，在跨越泰赫荒漠时是他最好的帮手。

关于穆太奈比逃离埃及境内一事，或许很多读者与我一样，还有一个非常重要的疑问：为什么穆太奈比只在四句都是指代的诗句中赞美阿卜杜勒阿齐兹·哈扎伊？为什么没有写任何一句诗来赞美艾布·伯克尔·法尔加尼？而正是他们俩帮助穆太奈比逃离了埃及。或许穆太奈比非常想这么做，但为了避免他们两人遭到卡夫尔的报复，只能作罢。

他在诗的前言中写道："穆太奈比穿过纳吉赫泰尔后到了拉斯那，几天后到达泰赫中被称为纳赫勒的水源。"[2]

我们现在已经知道了纳吉赫泰尔的位置，从这里起，穆太奈比开始独自逃亡，将埃及抛在身后。鉴于纳赫勒仍然存在，并且成为当代西奈地区的主要城市之一，我们自然知道它的位置。而拉斯那则必然位于纳吉赫泰尔和纳赫勒之间。

虽然史料中没有明确记载，也没有地图标出拉斯那的位置，但是根据《穆太奈比生平》中记载的路线顺序，拉斯那应该位于纳吉赫泰尔和纳赫勒之间。

---

① 参见《穆太奈比诗集》，第497页。
② 参见《穆太奈比诗集》，第489页。

杰卜尔博士对拉斯那和泰赫进行了冗长的分析，但这实在是没有必要。拉斯那的位置上文已经分析了，而泰赫至今仍然清晰地标注在地图上，伊本·豪卡勒也已然确定了地理位置。所以，我们无须再去寻找和研究地理和历史资料中的相关信息，因为有可能还会受其误导，以为泰赫在艾莱北面。但是穆太奈比所穿越的泰赫是位于西奈中部的。

杰卜尔博士的赘述属实毫无必要。

诗的前言写道："几天后到达泰赫中被称为纳赫勒的水源。"穆太奈比在诗中写道："骆驼经过纳赫勒，但它的主人并不需要这里的水源，也不需要世上的一切。"[1]

前言和诗证明了三件事：

首先，穆太奈比走过拉斯那后，途经纳赫勒。但是穆太奈比并没有在这里取水，或让他的骆驼和马匹饮水。这句诗明确表达了他对埃及人和物的不满，首当其冲的便是卡夫尔。因此，无论是穆太奈比本人还是他的骆驼，都"不需要世上的一切"，尤其不需要纳赫勒的水。事实上，穆太奈比当时急需饮水，但是在这最困难的时刻，他仍选择在诗句中宣泄自己的极度愤怒。

其次，这句诗几乎可以证明，穆太奈比在逃亡时走了多条道路。他先经舒阿维大道从库尔祖姆海东岸向东，其后，根据他在诗中提及经过纳赫勒并且没有从那里补水可以得知，为了在独自逃亡的途中避免遇到行人，确保自己的安全，他随后走的是一条在两条官道之间的道路。

埃及朝觐大道起于西奈的苏伊士，止于亚喀巴湾。而纳赫

---

① 参见《穆太奈比诗集》，第497页。

勒，则是这条大道上最重要的站点。舒阿维大道则起于库尔祖姆海，止于亚喀巴南，位于埃及朝觐大道的南部。两条大道在拉斯纳格卜前的穆夫拉格交会，随后又各自延伸。

最后，穆太奈比诗作前言中的内容或许可以证明，他确实走了这条位于两条官道之间的道路。诗的前言中写道："穆太奈比在纳赫勒附近遇到了来自纳赫勒的马队，与他们打斗。在了解情况后他便离开了他们，一直走到尼卡卜附近才停下。"[1]

当穆太奈比在诗中宣称自己和马匹、骆驼不需要世界上任何事物的同时，也明确表示了自己不需要纳赫勒的水源，并且没有靠近纳赫勒。或许他这么做的真正原因，是担心在水源处遇到卡夫尔的士兵或眼线。因此，穆太奈比刻意避开了这些地方，并且每逢在路上遇到来自纳赫勒的人，便会怀疑其是卡夫尔的眼线，与他们打斗一番，而在他了解情况、确认这些人没有恶意后，便速速离开。

我认为，穆太奈比实际上选择了继续沿着两条官道间的那条路向东走。诗的前言可以为此佐证，其中写道："穆太奈比一直前行到尼卡卜附近，发现有两名骑着小骆驼的苏莱姆部落探子，便骑着骆驼追上去制服了两人。两人对穆太奈比说，苏莱姆部落派他们两人来此探路，并答应当天晚上在部落中接待穆太奈比。于是，穆太奈比将两人的骆驼和武器交还给他们，与他们一同上路，当天晚上抵达苏莱姆部落居住的地方。部落首领穆莱伊布·本·艾比·纳吉姆为穆太奈比搭起一座白色帐篷，并设宴款待了他。"[2]

---

① 参见《穆太奈比诗集》，第489页。
② 参见《穆太奈比诗集》，第489页。

从这些内容中我们可以概括出许多重要的信息。我们知道，穆太奈比绝对没有走任何一条官道，而是选择了两条官道中间的路线。因为探子的任务是寻找水源和牧草，发现后便回去报告自己的部落。这可以证明，穆太奈比是在埃及朝觐大道等著名大道以外的地区遇到这两名探子。而探子及其部落出现在这片区域，表明这里存在水源——这也是穆太奈比正在寻找的。此外，游牧部落只有在确认某片区域雨水充足后才会居住下来，这也是内志中部游牧部落持续至近代的做法。该地存在水源也可以证明，穆太奈比选择的逃亡时机是非常正确的，正好拥有充沛的冬季雨水。

引起我注意的还有苏莱姆部落出现在萨马德地区这一点。这个地区位于西奈东部，还没有到尼卡卜（或拉斯纳格卜）。苏莱姆部落原本是生活在不同城镇的定居部落，是什么原因让他们迁徙到西奈沙漠地区？

与穆太奈比几乎同时代的哈姆达尼称："从古拉谷地到海白尔，再到麦地那东部，再到两山脚下直至胡拉尼，遍布苏莱姆部落的居所，只有一小群苏莱姆部落的支持者和他们混居，或许还有泰伊部落人在此。"①哈姆达尼还记载道："胡拉尼，这是一处存有类似于星盘这样测量工具的地方。居住在这里的塔米姆部落和苏莱姆部落从事制作骆驼缰绳的工作。"②此外，我们还能得知，他们中的少数人也从事其他制造类工作。伊斯法哈尼曾说："沙劳拉，是苏莱姆部落居住的地方。"③贾西尔谢赫曾说："沙

---

① 参见哈姆达尼著《阿拉伯半岛状况》，第274页。
② 参见哈姆达尼著《阿拉伯半岛状况》，第275页。
③ 参见伊斯法哈尼著《阿拉伯国家》，第147页。

劳拉位于苏莱姆部落矿场附近（今马赫得扎哈卜）。"①雅古特也曾引用艾拉斯马伊所著的《植物大全》②，记载过同样的内容。雅古特还补充道："沙劳拉，是位于塔布克东面的一座山。"③

伊本·豪卡勒记载道："在穆太奈比生活的那个时代，苏莱姆部落定居在埃及。"他还写道："苏莱姆部落定居在从坦塔（位于埃及）到非沙间的区域，那里有他们的农场、澡堂、市场、清真寺和小村庄。"④

这些记载有力地证明，苏莱姆部落当时是定居部落，部落成员绝大部分时间都居住在城镇。从上文还可以得知，他们从事手工业，特别是金器制作。那么他们为什么要前往西奈东部地区呢？是从哪里迁徙而来的呢？

一种可能是他们当时暂时停留在这个区域，以寻找水源和牧草。还有一种可能，他们是从最近的定居点即塔布克旁的沙劳拉山迁徙而来。我们知道，当自己居住的家园遭遇严重干旱时，阿拉伯人会迁徙数百公里寻找牧草。

唯一令我不解，也是我咨询过多位长者的问题是：为什么苏莱姆部落的首领穆莱伊布·本·艾比·纳吉姆在款待穆太奈比的时候，为他搭起了一座白色的帐篷？难道白色帐篷是专为客人所设，以便部落成员知道客人的位置和地位？我还没有找到这个问题的答案。

根据阿拉伯人的待客之道，穆太奈比在苏莱姆部落首领穆莱

---

① 参见贾西尔谢赫著《沙特阿拉伯地理大辞典》，第721页。
② 参见雅古特著《列国志》，第3册，第339页。
③ 参见雅古特著《列国志》，第3册，第339页。
④ 参见伊本·豪卡勒著《诸地形胜》，第141页。

伊布·本·艾比·纳吉姆处应该做客三天。但是穆太奈比自进入卡夫尔的王国并受到他的监视后，一向非常谨慎、疑虑重重，或许没住到第三天便继续向东朝着尼卡卜的方向逃亡了。

在此我要提一个问题：为什么穆太奈比未曾作诗赞美款待他的穆莱伊布？为什么史料中没有关于穆太奈比请穆莱伊布派护卫随行的记载？难道是因为穆莱伊布拒绝派遣护卫，所以穆太奈比没有赞美他？

答案或许如此，这也是我认为最有可能的原因。但可以肯定的是，穆太奈比在整个逃亡过程中，除了讽刺过西斯马的瓦尔丹外，未曾在诗中讽刺过其他人。他并不想这么做，因为卡夫尔及其眼线和手下已经足够让他烦恼了，他不会愚蠢到再为自己制造额外的敌人，再平添事端。

穆太奈比继续上路，在晚上抵达尼卡卜。随后他骑着自己的骆驼从尼卡卜出发，前往沙姆地区。他的骆驼在逃亡途中发挥了重要作用，多次帮助他选择了正确的方向和道路。他在诗中写道：

> 在尼卡卜，我们让骆驼选择，是去水之谷，还是去村之谷。[1]

从诗的措辞"我们让……"可以看出，穆太奈比将选择权交给了骆驼。

在我们继续跟随穆太奈比的逃亡之旅前，我们需要对他的逃

---

[1] 参见《穆太奈比诗集》，第497页。

亡路线进行一次细致的分析。

首先让我们来看看《穆太奈比诗集》的注释者艾布·阿拉·麦阿里对一句诗的解释，或许能够给我们提供不同的解读。艾布·阿拉·麦阿里说："据说尼卡卜有水源，即使人们没有发现，但是骆驼们却向它奔去。"[①]人们用夸张的手法来赞美骆驼，认为骆驼比人类更了解水源的位置。

我认为，第一种解读更加夸大了骆驼的作用，它不仅为人们指引水源的位置，甚至还能在两处水源中进行选择。这种解读也与穆太奈比的逃亡之旅关联更为密切，它表明两个谷地都存在水源，但是穆太奈比需要做出抉择。

此外，艾布·阿拉·麦阿里并没有将"尼卡卜"解释为该词的本义"两山之间的道路"。既然穆太奈比在尼卡卜面临何去何从的选择，那就意味着他来到了交叉路口，需要从中进行选择。

是去水之谷还是村之谷？诗句包含两个选项，后人对其的理解大相径庭。正确理解这句诗的含义，需要我们仔细思考和讨论，我们需要回答以下这些问题。

尼卡卜具体在哪里？水之谷在哪里？村之谷又在哪里？

首先让我们来确定尼卡卜的位置。从语言角度来分析，"尼卡卜"一词是"纳格卜"的复数名词，意为两山之间的道路。我曾考察过西奈东部地区并拍摄了一些照片，这里的群山与亚喀巴湾西岸相邻，南起塔巴市，向北延伸数公里。想要穿越这里的群山，你就必须走其中的山道。在我自西向东穿越西奈半岛的时候，走过萨马德后，我决定沿着前往尼卡卜的路走。在古代，这

---

① 参见艾布·阿拉·麦阿里著《亲爱的闪耀者——穆太奈比诗集注释》，第8页。

条路由埃及朝觐大道延伸而来，也是穆太奈比当时的唯一选择。但是由于边境线和安全问题，我没法走完这条路。因此，我稍微向南，经一条铺砌的山路前往塔巴，在那里住了一个晚上。在我住的宾馆里，我可以用肉眼看到亚喀巴湾对岸的哈格勒、亚喀巴和艾莱，这足以表明，穆太奈比前往尼卡卜所走的那条路与塔巴山路平行，位于塔巴山路的北面，且两条路仅仅相距数公里，最终抵达艾莱。正是在这条路上，穆太奈比的骆驼让他写出了这句诗，帮他决定何去何从："在尼卡卜，我们让骆驼选择，是去水之谷，还是去村之谷。"

关于这句诗，我还想讨论下当代人对它的解释。在他们的解读中，存在一些不甚准确的地方，令人感到奇怪。

首先，记录穆太奈比生平最重要的史料包括巴迪伊所著的《穆太奈比生平之预言的清晨》，这本著作由多位杰出的学者进行了考证，包括：穆斯塔法·萨卡、穆罕默德·沙塔和阿卜杜·齐亚达·阿卜杜。这三位都是埃及人，他们比其他人更为了解整个埃及的历史以及西奈地区的历史。但即便如此，他们在分析这首诗的时候，对尼卡卜、纳赫勒、苏莱姆部落住所和纳格阿，却做了如下的解释：

> 尼卡卜：麦地那的一个地方，从这里分出两条岔路，一条通往村之谷，一条通往水之谷。
>
> 纳赫勒：位于艾哈扎卜清真寺西面。据说，它离麦地那大约三公里。又传它是麦地那城外的一处水源。
>
> 苏莱姆部落：生活在麦地那附近的阿拉伯人。

纳格阿或纳吉阿[1]：纳吉阿是先知穆罕默德为饲养马匹
而划出的保护地，哈里发奥斯曼进一步扩大了它的面积。[2]

此后，他们又考证了巴克里和雅古特所作的注释。虽然他们
所说的内容都是正确的，但是这些地方却与穆太奈比的逃亡之旅
毫无关系，只是名称相似的其他地方。[3]他们的这些解释极有可能
会误导读者，让读者误以为穆太奈比的逃亡之旅始于麦地那及其
周边区域。但愿他们能够为我们解释，如果西奈地区的纳赫勒位
于麦地那，那么穆太奈比如何从福斯塔特抵达麦地那？他又是走
的哪条路？

其次，我还想知道的是，为什么穆太奈比让骆驼来选择是去
水之谷还是村之谷？我们必须牢记，在做选择的时候，无论是骆
驼，还是骑在骆驼身上的人，推动他们形成决策的最主要因素就
是水源。因为他们始终都需要水，特别是马匹，它不像骆驼那样
可以长时间忍受干渴。另一方面，穆太奈比在面临这两个选择时必
然犹豫不决，因为无论如何选择，都是苦难与甘甜并存。如果他选
择村之谷，就会路过艾莱，那里驻扎着卡夫尔的部队；如果他选择
水之谷，则必然要经过马安，那里也有一支卡夫尔的部队。当时沙
姆南部的大部分地区，也就是穆太奈比前往库法的必经之路，仍然
处于卡夫尔的统治之下。艾莱和马安均位于沙姆南部。

再次，穆太奈比让骆驼为他选择道路，有力地反驳了杰卜尔
博士的观点：穆太奈比没有经尼卡卜前往亚喀巴，而是从纳赫勒

---

① 参见巴迪伊著《穆太奈比生平之预言的清晨》，第126页。
② 参见巴迪伊著《穆太奈比生平之预言的清晨》，第125页。
③ 参见雅古特著《列国志》，第5册，第297、301页。

出发，走亚喀巴北部与泰尔班山平行的昆提莱山道，前往约旦马安西南的泰尔班。我可以确信地说，如果穆太奈比走的是亚喀巴北部的昆提莱山道，那么他必然选择了通往水之谷的那条路，并且走了相当一段距离。如果事实确实如此，那他就不会在诗中提及自己面临的两难选择，也不可能提到前往村之谷的道路，因为通往村之谷之路与其相距甚远。穆太奈比确实选择了通往水之谷的道路。

稍后我还将列举出其他的证据，证明穆太奈比确实走了通往亚喀巴的尼卡卜路，而没有走通往泰尔班的昆提莱山道。

现在还剩下两个问题：村之谷在哪里？水之谷又在哪里？

现在我们就给出这两个问题的答案。

村之谷在哪里？对于埃及的朝觐者来说，经尼卡卜离开西奈地区后的路线是非常明确的。那就是先到亚喀巴，接着南下至哈格勒，然后依次经过村之谷和海白尔，随后抵达麦地那，最后到达麦加，路途非常遥远。

穆太奈比的骆驼在做选择的时候，是否想着前往村之谷这个位于麦地那北部的著名谷地？或者说，当时穆太奈比考虑的是前往麦地那还是库法？在回答这些问题前，让我们先看看其他人在分析这句诗时，是如何确定村之谷的位置。

第一，除了上文提及的《穆太奈比生平之预言的清晨》一书考证者的解释外，马哈茂德·沙基尔在其所著的《穆太奈比》中也对这句诗做出了同样的理解，即村之谷位于麦地那北面。他在提及穆太奈比逃离埃及时写道："当穆太奈比离开埃及的时候，心中并没有一个确定的目的地。他当时正在犹豫，是去麦地那定居，还是穿越荒漠前往内志，还是去往伊拉克。"①马哈茂德·沙基尔从穆太奈比的诗句"在尼卡卜，我们让骆驼选择，是去水之谷，还是去村之谷。我们问骆驼，伊拉克在哪里？它站在泰尔班，答道：'在这里。'"②中推断出这三种可能：

从诗中提到的村之谷，他推断穆太奈比考虑前往麦地那定居。从诗中提到的水之谷，他推断穆太奈比可能想去内志，因为在内志也有一处名为水之谷的谷地，但实际它并不是诗中所指的地方。雅古特记载道："哈夫绥提及耶玛玛周边的水之谷时说道：'第一处能够让牲畜饮水的地方就是水之谷。'"③"伊拉克"则在这段诗的第二句中被明确提及，世上也只有一个伊拉克。

第二，拉姆齐同样受这句诗中提到的村之谷影响，认为穆太奈比离开埃及后想要前往麦地那。他说道："我们知道，西斯马和村之谷相距两天的路程，村之谷和麦地那相距六天的路程。"④

第三，穆齐勒则认为，村之谷可能是指汉志和麦地那，水之谷则是指半岛地区（伊拉克）。⑤但是穆齐勒在位于同一页的前文中指出，穆太奈比走过尼卡卜后，可能朝东南前往村之谷，或者朝东北前往水之谷。

我认为，汉志麦地那附近的村之谷，并不是位于亚喀巴东南方向，而是位于其正南方向。穆齐勒为什么说"可能朝东南"

---

① 参见马哈茂德·沙基尔著《穆太奈比》，第372页。

② 参见《穆太奈比诗集》，第497页。

③ 参见雅古特著《列国志》，第5册，第346页。

④ 参见拉姆齐著《穆太奈比从埃及至库法的逃亡路线》第三部分，载《使命杂志》第1002期，公历1952年，第1030页。

⑤ 参见穆齐勒著《阿拉伯沙漠》，第552页。

呢？或许这是第一个引起我们对村之谷真正位置思考的提示。穆齐勒之所以没有用肯定的语气，而是以一种暗示的方式，或许就是因为他对这个说法并不确定，甚至对穆太奈比前往麦地那的可能性存疑，因为伊拉克才是他真正的目的地。

在此基础上，我将证明位于亚喀巴南部的村之谷，并非穆太奈比的骆驼做出选择的村之谷。穆太奈比诗句中的村之谷，事实上是指亚喀巴东南部的焦夫绿洲或杜马占德勒，有确凿的证据可以证明这一点。如下：

1. 雅古特在描述杜马占德勒时说："杜马离古莱亚特很近，从村之谷到泰马大约需要四天。"①雅古特在提到古莱亚特附近的杜马占德勒时，为什么会突然提及大家熟知的村之谷与位于阿拉伯半岛西部、麦地那北部的泰马之间的距离呢？那么，泰马在汉志村之谷的哪个方向呢？它们之间的距离是不是四天的行程呢？

事实并非如此。雅古特在描述众所周知的村之谷时说："村之谷，是位于沙姆和麦地那之间的一处谷地。它在泰马和海白尔之间。"②我们是否可以从中推断，泰马位于沙姆地区，是汉志村之谷北部边界，海白尔位于麦地那区域，是汉志村之谷的南部边界？

事实的确如此。那么，距离泰马四天路程的村之谷又在何处呢？这个村之谷实际上就是古莱亚特谷地，包括杜马占德勒、塞卡卡和祖卡拉的部分村庄。它与泰马之间的距离确实大约四天的路程。

2. 这个地方之所以被称为村之谷，是为了能与那个著名的

---

① 参见雅古特著《列国志》，第2册，第487页。
② 参见雅古特著《列国志》，第2册，第338页。

村之谷相媲美。雅古特对杜马占德勒的描述可以为此佐证。他说道："杜马占德勒四周建有城墙，城墙内建有坚固的城堡，名为马里德堡，是乌凯达尔（杜马占德勒国王。——译者注）的城堡。先知穆罕默德曾派大将哈立德·本·瓦利德攻打乌凯达尔并将他俘虏。随后先知与他达成和解，但是在先知去世后，乌凯达尔毁约。于是，哈里发欧麦尔将他驱逐出杜马占德勒，他在艾因泰姆尔附近的地方住下，建造了屋舍。为了纪念在村之谷的马里德堡，他将此处命名为杜马。"①这足以证明，杜马村所在的区域也被称为村之谷。

情况确实如此。穆太奈比在诗句中提到村之谷的时候，指的正是杜马村。当时，穆太奈比自沙姆前往库法，途经此处村之谷中的杜马占德勒，这里正是库法和沙姆之间的交会处。泰卜里说过："达乌德·本·阿里和他的儿子穆萨曾经从伊拉克或另一地出发，去往沙姆哈米马的沙拉，他们两人在杜马占德勒遇到了去往库法的艾布·阿巴斯一行人。达乌德问道：'你们去哪里？去做什么？'艾布·阿巴斯回答称，他们想去库法，在那里实现自己的抱负。"②

从中我们可以得知，如果穆太奈比走了村之谷这条路，那么他必然是想走沙姆—杜马占德勒—库法这条路线。

3. 穆太奈比曾试图从西斯马向东北方向走，然后再向西前往萨万。但是他未能如愿，于是说道："我们来到了杜马占德

---

① 参见雅古特著《列国志》，第2册，第487页。
② 参见泰卜里著《泰卜里史书》，第7册，第428页；参见穆齐勒著《阿拉伯沙漠》，第523页。

勒。"①这可以证明，诗句中提到的"杜马占德勒—村之谷"这条路线，是穆太奈比唯一的替代路线。

4. 当雅古特想确定穆太奈比诗句中提到的"基法夫"的位置时说道："我射箭的方向，是基法夫、卡比杜维哈德……"②

雅古特说："基法夫在村之谷附近。"③

他的说法是正确的。根据穆齐勒的说法，这个地方在二十世纪初被称为"基法夫"或"卡弗夫"④，现在则被称为"法库克"。它是基法夫山西麓多个谷地组成的一片区域，位于约旦东面的萨万，下文还将对此进行详述。

我曾站在今古雷亚特市南部的桥上，桥下有许多隧道。基法夫山谷群和乌巴伊尔谷地就顺着这些隧道向东注入村之谷。麦地那以北的村之谷距基法夫500多公里，那么这个靠近基法夫的村之谷又在哪里呢？

5. 当雅古特想要确定穆太奈比诗句中提及的布维拉的位置时说："……布维拉就在加达谷地旁。"⑤

雅古特说："布维拉在村之谷旁边，在村之谷和布塞塔之间。"⑥

我认为，布维拉大约在布塞塔北面、村之谷西面。麦地那以北的村之谷距布塞塔也是500多公里，那么这个靠近杜马占德勒及

① 参见《穆太奈比诗集》，第495页。
② 参见《穆太奈比诗集》，第497页。
③ 参见雅古特著《列国志》，第4册，第467页。
④ 参见穆齐勒著《阿拉伯沙漠》，第114页。穆齐勒在其书第131、523页将这个地方称为"卡弗夫"，但是在522页援引瓦西迪的记载时用其旧名"基法夫"。
⑤ 参见《穆太奈比诗集》，第497页。
⑥ 参见雅古特著《列国志》，第1册，第513页。

其附近的布塞塔的村之谷又在哪里呢？

我几乎可以断定，有两个谷地都被称为村之谷。其中一个是汉志地区著名的村之谷，位于麦地那北面；另一个则鲜为人知，它源自杜马占德勒及其村庄，向西北延伸，现在则被称为"古雷亚特谷地"或"塞尔罕谷地"。

我也可以断定，穆太奈比所说的正是第二个村之谷。而雅古特在指出"杜马占德勒离古莱亚特很近，从村之谷到泰马大约需要四天的路程"时，他的目的是想确定鲜为人知的村之谷和著名的村之谷之间的距离。

水之谷在哪里？雅古特记载："水之谷：水流汇聚之处，部分史书称其位于卡勒卜部落居住的萨马沃地区，在沙姆和伊拉克之间。"①

哈夫绥称水之谷在耶玛玛地区周边，他说道："第一处能够让牲畜饮水的地方就是水之谷。"

诗人努麦里在诗中写道："他们感恩地说，水之谷和哈桑气候凉爽。"

欧贝杜拉·本·杜麦纳在暗指他的堂妹时说道："水之谷，我奋力保护你，我为你而死。"

雅古特也曾记载过："水之谷位于沙姆附近欧兹拉部落生活的区域，属于努费勒·本·阿姆鲁·本·基拉卜部落。"②

例如《莱拉和玛吉努》中的这段话："难道我没有看到，水之谷的水流日渐干涸，但是我的心却无法离开它。"

这三个谷地虽然名字相同，实则位于不同的地方。一个在伊

---

① 参见雅古特著《列国志》，第5册，第346页。
② 参见雅古特著《列国志》，第5册，第240页。

拉克和沙姆地区，一个在欧兹拉，一个在内志。哪一个才是穆太奈比想要前往的水之谷呢？

我认为穆太奈比诗中所提的是位于亚喀巴以南、麦地那以北的那个水之谷。因为欧兹拉的水之谷和内志的水之谷同汉志的村之谷在同一个方向，如果前往其中一处，穆太奈比就没有必要让他的骆驼来选择，这也不符合地理上的逻辑。

那么，穆太奈比提到的水之谷就应该是村之谷相反方向的那处，位于卡勒卜部落所在的萨马沃。鉴于穆太奈比当时背朝西奈站在尼卡卜，这个选择也是符合逻辑的。

接下来的问题是，村之谷在东南方向，水之谷则在东北方向，为什么穆太奈比将水之谷作为一个选择？因为这两条道路，最终都会抵达他的目的地——库法。

我还要提出的问题是：哪条路更安全？哪条路更近？显然，走村之谷这个方向更加安全，因为途中只会遇到一支卡夫尔的卫队，那就是艾莱或亚喀巴的卫队。而东北方向的水之谷，虽然路途较短，但是风险更大，途中有多支卡夫尔的部队，因为这条路从西南方向斜穿沙姆至其最东北处，整条路线经过的区域几乎都处于卡夫尔的统治下。穆太奈比对沙姆极为熟悉，这里是他幼年求学之地，是他青壮年离开库法后闯荡的舞台。正如他自己所说，他对沙姆的道路了如指掌。

既然如此，穆太奈比在尼卡卜时，会选择哪条路前往库法呢？能够帮助我们探寻穆太奈比为何选择水之谷路线奥秘的，或许只有与他生活在同时代的伊本·豪卡勒了。他曾说道："我走陆路从库尔祖姆前往伊拉克，这条道路是笔直的，其间我穿越了萨马沃荒漠，大约花了一个月到达水之谷。"①也就是说，这是一条笔直、清晰的线路，没有弯曲折返。雅古特说过："萨马沃荒漠位于库法和沙姆之间。"②此外，伊本·阿卜杜勒哈格在其所著的《地名一览表》中也提到了水之谷所处的萨马沃荒漠，称："这个荒漠位于库法和萨姆之间。"③他在另一处写道："水之谷，位于萨马沃卡勒卜的一处山谷。"④

我曾去过这个山谷位于叙利亚境内的区域，见到了其中的水井和农场，以及山谷的指示牌。该地区在代尔祖尔东南面，靠近叙利亚和伊拉克边境的阿布凯马勒。

一位在当地农场工作的人告诉我说，这个山谷起于叙利亚西北，地势向东南逐渐降低，随后进入伊拉克境内。由于安全问题，我只能在叙利亚境内了解相关信息并拍摄图片，未能继续前往伊拉克境内进行考察。

这就是我掌握的关于水之谷的情况。从穆太奈比的诗句和诗的前言中可以明确得知，他选择了东北方向的"水之谷路"或"伊本·豪卡勒路"前往库法。穆太奈比就是这样继续从尼卡卜北上，诗的前言中写道："次日，穆太奈比告别穆莱伊卜·本·艾比·纳吉姆·苏莱米，前往纳格阿。穆太奈比在马安和辛比斯部落所在的荒漠休息，马安部落的阿非夫宰了一只羊招待他。"⑤

纳格阿在哪里？我查阅了提到这个地名的阿拉伯地理学家撰

---

① 参见伊本·豪卡勒著《诸地形胜》，第11页。
② 参见雅古特著《列国志》，第3册，第245页。
③ 参见伊本·阿卜杜勒哈格著《地名一览表》，第2册，第734页。
④ 参见伊本·阿卜杜勒哈格著《地名一览表》，第3册，第1418页。
⑤ 参见《穆太奈比诗集》，第489页。

写的书籍，都没有找到关于它位置的内容。在我实地考察穆太奈比逃亡路线期间，曾四次往返于亚喀巴和泰尔班，寻找有关的地标，以期将缺失的信息补充完整，但是，我没有找到任何可以证明这个地方存在的，或者与其相关的证据。或许正如纳格阿这个名字所指，它最早是一片有积水的洼地，然后成为游牧部落重要的水源地，一些部落群体在此定居。我在亚喀巴及其机场北部的古维拉地区发现了一片低地，其间坐落着大量农场，生长着大量树木。而更北面直至加兰达勒的区域，则是一片干旱的沙漠，没有任何生命存在的迹象。

当我位于这个区域时，脑海里始终在思索：为什么这片地区被称为古维拉？"古维拉"一词是否从"低地"一词衍生而来？它是否为其指小名词的阴性形式？或许"纳格阿"是这片地区在古代的旧名之一，随后逐渐演变成"古维拉"？

答案或许如此。

此外，款待穆太奈比的阿非夫·马阿尼所领导的马安和辛比斯部落又是来自何方？伊本·哈兹姆在叙述泰伊部落分支时说，苏阿勒·本·阿姆鲁·古斯一系分为以下几支：

- 阿图德·本·欧奈恩·本·萨莱曼·本·苏阿勒的两个儿子布赫图尔和马安。
- 穆阿维亚·本·苏阿勒的儿子辛比斯。[1]

因此，这位在纳格阿招待穆太奈比的阿非夫就是伊本·哈兹

---

[1] 参见伊本·哈兹姆著《阿拉伯宗谱大全》，第476页；参见伊本·杜雷德著《衍生》，第390页。

姆所说的泰伊部落的人。但是，阿非夫只是宰羊款待了穆太奈比，并没有为穆太奈比提供护卫。对于穆太奈比来说，他已进入沙姆地区，并将前往其腹地，朝北穿越泰尔班山道，然后再向东北方向走伊本·豪卡勒路。在这种情况下，穆太奈比会怎么做呢？或者说，处于这种困境的人会怎么做？

当时穆太奈比并没有护卫随行，正如诗的前言写道："次日，穆太奈比离开阿非夫的部落，只有朱扎姆部落的两名盗贼为他引路。"在此，我必须指出两个问题：

第一，朱扎姆部落就是沙姆部落，部分人生活在西斯马的西北方向，显然到不了马安和辛比斯部落的领地。①

第二，穆太奈比选择两名朱扎姆部落的盗贼为他做向导也值得我们注意。既然穆太奈比熟知沙姆地区的道路，为什么还要两名向导呢？我并不认为穆太奈比请向导是因为不了解当地的道路，而是考虑到盗贼对当地居民、眼线和官吏更为熟悉，便想借助其避开各种可能招致危险的人物。毕竟还有谁能比盗贼对那里更加清楚、更加谨慎呢？

穆太奈比就这样继续沿着泰尔班山道前行。他在诗作的前言中写道："……两名盗贼为他引路。穆太奈比骑着骆驼，沿着泰尔班地区那条众所周知的山道爬坡，该区域水源所在地名为加兰达勒，穆太奈比走了大半天，在晚上终于抵达。"②

这段话意味着什么？我们可以从中做出哪些推断？"爬坡"是向高处走，而"下坡"则是往低处走，正如我们走楼梯一样。

---

① 参见伊本·哈兹姆著《阿拉伯宗谱大全》，第421—422页。书中记载称："朱扎姆部落生活在从汉志到艾莱这片区域。"
② 参见《穆太奈比诗集》，第489—490页。

我认为，既然穆太奈比当时是在爬坡，那么他就是由南向北走，或者更准确地说，是从南面的亚喀巴和纳格阿前往北面的泰尔班，否则他就应该是下坡。这足以反驳杰卜尔博士所言，他称穆太奈比经亚喀巴北面的昆提莱山道前往泰尔班，然后爬坡抵达泰尔班。①穆太奈比前往泰尔班，肯定是要经过泰尔班山道，这是一条两山之间的道路，完全不存在爬坡一说。

伊本·阿拉法说过："每个开启旅途的人，总是先遇到困难，然后才变得顺利。"②在这段旅途中，穆太奈比也是如此，他实现了自己的目的，来到了泰尔班，他对着自己的骆驼聊起了伊拉克。

"我们问骆驼，伊拉克在哪里？它站在泰尔班，答道：'哈（在这里）。'"（骆驼此处发出的拟声词，类似于阿拉伯语中"这里"一词发音。——译者注）③

艾布·阿拉·麦阿里在解释这句诗时说："'哈'，是骆驼发出的声音，说明距离非常近。当然，这句诗的表达很简洁，骆驼似乎是在给穆太奈比指明伊拉克的方向。"④穆太奈比看着远在天边、近在眼前的伊拉克，思索着在泰尔班和伊拉克之间这片卡夫尔统治下的沙姆地区，自己将会遇到什么样的苦难。他几乎可以在泰尔班用肉眼看到马安的军队，感受到他们带来的危险。即使他能安全通过这里，又要如何应对卡夫尔的其他眼线呢？甚至，穆太奈比在逃亡途中以及抵达泰尔班后，并没有发现值得信

① 参见叶海亚·杰卜尔著《穆太奈比逃亡路线考证》，第80页。
② 参见伊本·曼祖尔著《阿拉伯人之舌》，"萨阿达"项。
③ 参见《穆太奈比诗集》，第497页。
④ 参见艾布·阿拉·麦阿里著《亲爱的闪耀者——穆太奈比诗集注释》，第1册，第33页。

任的部落可以助他一臂之力，为他提供护卫，依靠两名盗贼来提防眼前的风险是不够的。

在骆驼看来，伊拉克近在咫尺，但是在穆太奈比看来，它却遥不可及。穆太奈比如何应对这种情况呢？我认为，穆太奈比最终决定返回，走通往村之谷的道路。因为水之谷这条路存在不可逾越的障碍，使得近在眼前的伊拉克变成了远在天边。

穆太奈比拉拽缰绳，带着自己的骆驼和马匹掉头，朝泰尔班山后的加兰达勒水源前进，以便在那里补充自己所需的饮水。随后，穆太奈比向南移动，日夜兼程，终于抵达安全的西斯马。诗的前言写道："穆太奈比不断赶路，在夜晚时分进入西斯马。"①随后，他在那里居住了大约一个月。这是穆太奈比逃亡之旅中遭遇的首次挫败，水之谷这条路线已然不是前往伊拉克的安全之路了。

诗作前言中关于西斯马的描述值得我们研究。穆太奈比很喜欢西斯马，认为这个地方是安全的，在这里住了大约一个月。前言中如此写道："西斯马是一片沃土，这里生长着椰枣树和各类植物。这里群峰矗立，直入天际，山壁光滑陡峭。如果有人想要眺望山顶，那就必须把头彻底仰起。没有人能够爬上这样的山峰，黑夜也无法吞噬它。"②诗人纳比加曾写过这样的诗句：

西斯马山的尘土拥有了理智，山峰被黑暗所笼罩。

人们对这句诗的解释各不相同。穿越西斯马需要两到三天，

---

① 参见《穆太奈比诗集》，第490页。
② 参见《穆太奈比诗集》，第490页。

它是世上独一无二的地方。其中有一座伊尔姆山，高耸入云，游牧民称山上种了许多果树和松树。

在此，我们必须提出几个问题。

第一，艾布·阿拉·麦阿里记载了穆太奈比对西斯马的表述，称："根据穆太奈比生平传述者所言，穆太奈比当时称西斯马为佳地，有一天他对人们说：'当我看到西斯马的时候，眼前之景正是真主创造的最好的地方。'"① 穆太奈比对西斯马的描述让拉姆齐教授非常激动，后者说道："我发誓，如有机会，我肯定要去西斯马。它地势高峻、独一无二，它的山峰沿着亚喀巴湾连绵不绝，山的四壁光滑陡峭。如果你想看到山顶，就必须仰头望向天空。"②

我完全赞同他的说法！西斯马及其周边群峰壮丽，值得赞叹。

穆太奈比千年前对西斯马的表述与其现状几乎没有差异。我去过西斯马两次，却仍未发现让穆太奈比对此地如此青睐的真正原因。穆太奈比将西斯马称为"真主创造的最好的地方"，在西斯马居住一个月，这相当于他整个逃亡时间的三分之一。

2014年2月，我决定第三次考察西斯马。之所以选择这个时间考察，是因为穆太奈比是在公历962年1月末逃离埃及的。因此，在穿越埃及北部、西奈荒漠和约旦北部后，穆太奈比必然是在公历962年2月抵达西斯马的伊尔姆山，做客于法扎拉埃米尔之处。

---

① 参见艾布·阿拉·麦阿里著《亲爱的闪耀者——穆太奈比诗集注释》，第1册，第340页。
② 参见拉姆齐著《穆太奈比从埃及至库法的逃亡路线》，第三部分，载《使命杂志》第1002期，公历1952年，第1030—1031页。

整个2月下半月我都住在约旦，适逢雨季，其间我两次前往伊尔姆地区考察。第一次考察是在雨天，我感觉自己终于发现了穆太奈比如此喜欢这个地区的奥秘。瀑布以磅礴之势从高耸的伊尔姆山倾泻而下，这种景观之壮阔只有亲眼所见才能感受到。除了瀑布外，西斯马还有诸多泉眼。当地长老谢赫穆罕默德·扎莱比赫告诉我，西斯马有四十多处泉眼。在第二次考察时，我爬至海拔一千多米的高地，俯瞰其中的一处泉眼。当时我们聘请了一位当地的阿拉伯人作为爬山的向导，我问他山区都有哪些植物，他说有山薄荷和无花果，我也看到了这些植物。向导说当地还种有葡萄藤，或许是因为季节不对，所以没有亲眼所见。西斯马牧草充足，许多牲畜养殖于此。

正是这些水源、木材、多产的果树，以及友人法扎拉埃米尔提供的安全保护，让穆太奈比非常喜欢西斯马，称其为"真主创造的最好的地方"。我完全赞同他的说法。我在书末附上了穆太奈比逃亡时途经地区的照片，其中就包括西斯马的照片。

第三，我还想对纳比加的诗稍作分析，后人对这句诗的解读亦众说纷纭。在我看来，这句诗的含义其实很清晰，但是需要了解创作的背景才能正确理解。纳比加创作这首诗是为了赞颂阿姆鲁·本·蒙泽尔，阿姆鲁之父蒙泽尔在乌巴格之日战死，阿姆鲁随后率军攻打沙姆。[1]也就是说，这场战斗发生在西斯马，而诗的开头所指的风沙便是交战时的扬尘。我认为，人们之所以觉得这句诗含义晦涩，是因为诗句被篡改了。根据贾西尔谢赫所说，正确的诗句应该是："西斯马山尘土飞扬，山峰被黑暗所笼罩。"[2]

---

① 参见《纳比加诗集》，第130、136页。
② 参见贾西尔谢赫著《沙特阿拉伯地理大辞典》，第435页。

（"理智"和"飞扬"两个词在阿拉伯语中，后两个字母顺序正好相反。——译者注）

这样，诗句的内容就非常清晰了，其含义是：交战时扬起的尘土遍布西斯马山，山峰被黑暗所笼罩。

我们再回到穆太奈比身上，他南下来到西斯马并非漫无目的，而是有着特别的考量。他需要安全保障，希望找到一个能够保护他的部落，避免再次出现在泰尔班时的彷徨无助。

诗的前言中写道："穆太奈比南下进入西斯马地区，发现法扎拉部落正在此处过冬。他先是住在法扎拉部落阿迪一族中，其中还包括拉希格·本·米赫莱卜部落的人。穆太奈比与法扎拉部落埃米尔哈桑·本·希克马交好，为了掩盖他与法扎拉部落之间的关系，他选择住在法扎拉部落周边的地方。穆太奈比非常喜欢西斯马，在这里居住了一个月。"[1]

这段叙述引发了我的一些思考。

第一，为什么法扎拉部落选择在西斯马过冬？

据我推测，这主要归结于以下几个原因：

1. 西斯马的部分地区属于法扎拉部落的领地，正如哈姆达尼所说："西斯马位于法扎拉部落和朱扎姆部落的领地之间，其中有一处伊尔姆井，是阿拉伯人众所周知的水源。"[2]

2. 正如穆太奈比称赞的那样，西斯马水源充足、土地肥沃。

3. 法扎拉部落在伊尔姆山区域落脚是有特殊原因的。除伊尔姆山自身的水源外，在山的东北方向几公里处，有一座现称为

---

① 参见《穆太奈比诗集》，第490页。
② 参见哈姆达尼著《阿拉伯半岛状况》，第272页。

"哈拉扎大坝"的古坝。①在山的东南方向还有一座现称为"乌姆达尔吉大坝"的古坝。我亲自去过这些大坝。显然，两座大坝周边山区的雨水流淌而下，每年都会使此处蓄满雨水，在伊尔姆山其他水源干涸之际，为人们提供所需的水。

根据穆太奈比逃亡的时间，当时正值冬季。因此，法扎拉部落在西斯马过冬实属正常。但让我不解的是，穆太奈比什么时候认识了法扎拉部落的埃米尔，并且与其建立了友谊？我认为以下两点可能值得注意。

1.穆太奈比此前随赛义夫·道莱或其宫廷成员朝觐时在途中遇到了他，穆太奈比驳斥艾布·法拉吉·伊斯法哈尼（两人对麦加部分地区的名称有分歧）的话可以为此佐证。穆太奈比来到巴格达后，住在侯梅达郊区。他前去拜访穆哈莱比，穆哈莱比、萨伊德、艾布·法拉吉·伊斯法哈尼三人正在吟诵："真主赐予人类水源，我知道它们的位置，有朱拉姆、马勒库姆、巴扎尔和加姆拉。"②

穆太奈比将第一处地名更正为"朱拉卜"，并且说道："这些地方我都了如指掌。"他所言是正确的，《西巴维赫之书》和其他史料中的记载均可为此佐证。③穆太奈比是否曾经去过麦加，并且途经了法扎拉部落埃米尔所在之处？还是说，穆太奈比对麦加及其水源等地理情况的了解是源于他人所写的书籍？我认为第一种可能性更大。因为只有这样，穆太奈比才会与法扎拉部落的埃米尔建立友谊，后者的领地从西斯马一直延伸至麦地那北部的

---

① 参见萨巴·法里斯论文，发表于《古代研究杂志》，第52期，第264—275页，南锡大学。

② 参见伊斯法哈尼著《穆太奈比诗歌注释》，第15页。

③ 参见西巴维赫著《西巴维赫之书》，第3册，第207页。

村之谷。

2. 在我看来，穆太奈比之所以前往西斯马找到法扎拉部落的埃米尔，并受其款待居住于伊尔姆山，其目的正是为了保障自己的安全，并寻求护卫随行。

第三，穆太奈比前往西斯马，也有可能是为了从那里走另一条路，即村之谷路或杜马占德勒路前往库法，那里正是库法、沙姆和汉志三地交界处。这就是我的推测，但是计划必须根据安全形势来调整，特别是穆太奈比尚处于卡夫尔势力范围中，在抵达安全之地前他必须考虑这些风险。

第四，穆太奈比在西斯马特别是其东南部的伊尔姆山居住长达一个月之久，足以证明他在当地找到了避风港。在卡夫尔那所广阔却又压抑的监狱中煎熬近五年后，穆太奈比终于可以稍事休息，享受自由的甘甜。穆太奈比对他与法扎拉部落埃米尔哈桑·本·希克马之间的友谊极为忠诚，为了避免人们传言说他受到哈桑的保护导致后者遭遇卡夫尔的毒手，穆太奈比并没有住在哈桑处，而是在其附近落脚。穆太奈比曾与瓦尔丹·泰伊——他是亚喀巴附近纳格阿的泰伊部落酋长的侄子，但是穆太奈比和瓦尔丹两人性格截然相反——比邻而居。瓦尔丹贪婪无比，穆太奈比则非常节约。这种性格上的差异差点给穆太奈比带来极其严重的后果。诗的前言中写道："瓦尔丹让自己的妻子用女色腐化穆太奈比的奴仆，让他们帮忙偷窃穆太奈比的财物。瓦尔丹发现穆太奈比有一把藏剑，便让穆太奈比拿出来观赏，但是遭到了拒绝。瓦尔丹垂涎那把宝剑，便对穆太奈比的奴仆施以美人计。其中一名奴仆在夜间偷走了宝剑，交给了瓦尔丹。"①穆太奈比在诗中讽刺瓦尔丹，或许还暗中讽刺了整个泰伊部落，他们并没有派遣护卫随同穆太奈比从纳格阿前往泰尔班：

如果泰伊是卑鄙的，那么拉比阿及其子孙则更加卑劣。

（拉比阿是瓦尔丹父亲的名字。——译者注）

如果泰伊是慷慨的，那么瓦尔丹和他的父亲并不在此列。

我们在西斯马遇到了他，他是彻头彻尾的卑鄙小人。

他用自己的妻子来离间我的奴仆，腐化他们，偷窃我的钱财。

如果我的马匹遭其毒手，他们也将被我的长剑惩罚。②

诗中还写道：

真主咒骂瓦尔丹和他的母亲，他以猪食为生，鼻子像狐狸。

他生性的狡诈，必然继承于他的父母。

一个人如果用妻子的贞操来牟利，那是多么卑鄙，多么下作。

瓦尔丹的女儿难道不也如此，他们用最卑劣的手段来获利。

我曾认为泰伊不会背叛，请不要责备我，

---

① 参见《穆太奈比诗集》，第491页。本书后附穆太奈比奴仆事件的详细叙述，穆太奈比所作诗歌及其前言均可为此佐证。

② 参见《穆太奈比诗集》，第493页。

我曾如此坚信，但事与愿违。①

　　瓦尔丹如愿以偿。穆太奈比的一位奴仆偷取了他的宝剑，将宝剑交给另一位奴仆，让后者带着宝剑骑马逃走。穆太奈比发现此事后，杀死了偷剑的那名奴仆，又派人去追捕逃跑的那名奴仆，但是没有抓到。就这样，穆太奈比损失了自己的宝剑、马匹和两名仆人。瓦尔丹虽然如愿以偿，但是在他死后千年，这首讽刺他的诗仍在人们之间流传。

　　这件事也给穆太奈比的内心造成了很大的冲击，他又作诗一首，告诫自己的仆人：

　　　　我为背叛者准备了利剑，必将割下他的鼻子。

　　　　我的剑刺向他们的头颅，真主不会怜悯他们。

　　　　只叹被罚之人太少，无法慰藉我的宝剑。

　　　　你们的躯体是邪恶的，你们的鲜血早已流尽，

　　　　豺狼吃了你们的肉，进入你们的躯壳。

　　　　你曾经问鸟卜者，背叛我的结果如何？

　　　　我向宝剑承诺，所有遇到它的人都难逃一死。

　　　　我担心在遇到敌人的时候食言。

　　　　你毫无值得称赞之处，无人会为你哭泣。

　　　　如果有人背叛我，我将让他面临最可怕的后果。②

　　穆太奈比在西斯马居住一个月后决定离去，其原因如下：

_____

　　① 参见《穆太奈比诗集》，第493页。
　　② 参见《穆太奈比诗集》，第494页。

1. 他遭遇了部分仆人的背叛。

2. 穆太奈比听说卡夫尔写信给居住在周边的阿拉伯人，承诺他们如果将自己交给他，便赐予他们钱财。穆太奈比担心人们可能为了金钱而出卖他。①

3. 穆太奈比相信，像瓦尔丹这样的贪婪之人，为了获取卡夫尔的赏赐，会毫不犹豫地向卡夫尔的手下告发他。

作为一个极其谨慎的人，穆太奈比必然早已做好了应对这种情况的准备，提前安排好了离去事宜。据记载，穆太奈比派遣一位信使去见一位法扎拉部落的人，他属于马金分支，是哈拉姆·本·古特巴·本·耶萨尔的后代，他就是福莱泰·本·穆罕默德，两人此前便有书信往来。②

福莱泰当时住在约旦萨万地区西北部，这表明穆太奈比是突然决定改变路线，不再走杜马占德勒路，而是重走水之谷路。但是在首次穿越的尝试失败后，穆太奈比不得不选择一条泰尔班以外的路线。

因此，穆太奈比选择了拉斯萨万这条路线，他之所以做出这样的决定，或许是怀疑瓦尔丹知道他计划走杜马占德勒或村之谷路，担心他告密，因此决定改变计划。但是这一次，穆太奈比不再同两个盗贼一起冒险，而是由法扎拉部落出资为他配备了强大的护卫队，保护他抵达想要投靠的萨万西北部的那个部落所在之地。福莱泰·本·穆罕默德·马金·法扎拉将在那里接应穆太奈比，帮他寻找能够继续为他提供保护的阿拉伯人。

穆太奈比就这样派遣了一位法扎拉部落的信使，告诉福莱泰

---

① 参见《穆太奈比诗集》，第494页。

② 参见《穆太奈比诗集》，第491页。

自己即将去他那里。在穆太奈比的仆人偷了他的宝剑和马逃跑时，法扎拉部落的两名护卫阿里·哈法吉和阿莱万·马金正跟随穆太奈比。穆太奈比生平史料记载："他发现仆人背叛后，派信使去见福莱泰。阿里和阿莱万在早上发现了逃跑的仆人的踪迹，两人在下午的时候追上了他。"①诗的前言中写道："穆太奈比决定离开西斯马后，立刻展开了秘密行动。他叫醒了自己的仆人，让他们骑上骆驼和马匹，借夜色出行。其他人都没有发现穆太奈比已经走了，他的仆人们则以为他要去巴亚德。穆太奈比朝巴亚德方向走，随后前往拉斯萨万。"②穆太奈比想去哪里？巴亚德在哪里？萨万在哪里？拉斯萨万在哪里？为什么穆太奈比要先去巴亚德？

首先让我们确定巴亚德的方向。哈马德·贾西尔谢赫曾说："巴亚德位于马勒哈西面，这是一片广袤的沙漠地区，南起焦夫绿洲东北部的高原，延伸至沙特北部与约旦的边境处。西面则与拉哈熔岩平原相接。"③巴亚德现被称为哈马德，大约位于东经39° 30′ 至40° 14′、北纬30° 32′ 至32° 04′ 的区域。那么，穆太奈比为什么要选择这条路线？

当他从泰尔班南下前往西斯马时，决定走第二条路线即村之谷路。但是在西斯马，穆太奈比感到了来自卡夫尔的威胁，后者教唆当地的阿拉伯人出卖他，于是他不得不改变路线，选择途经萨万前往伊拉克的新路线。穆太奈比前往巴亚德后，摆在他面前的有三条路线，而在拉斯萨万阿拉伯护卫的保护下，每条路线都可抵达库法。第一条路线是从巴亚德北纬32° 04′ 的地方出发，仍

---

① 参见《穆太奈比诗集》，第492页。
② 参见《穆太奈比诗集》，第492页。
③ 参见贾西尔谢赫著《沙特阿拉伯地理大辞典》，第1册，第236页。

走水之谷路前往库法；第二条路线是从巴亚德出发，走前文提及的伊本·豪卡勒路；第三条路线则是艾兹拉格—库法路，它起于巴亚德南部和拉斯萨万北部，位于北纬31° 39′。与穆太奈比同时代的马格迪西提到过这条路途经的地区，具体如下：

> 从库法到鲁海马12公里，
>
> 再到努海特需要两日，
>
> 再到古拉伊需要两日，
>
> 再到罕法斯需要一日，
>
> 再到哈希亚需要一日，
>
> 再到古莱卡需要一日，
>
> 再到古拉吉尔需要一日，
>
> 再到艾兹拉格需要一日，
>
> 最后到安曼需要一日。
>
> 整条路一共十一站。[①]

我认为，艾兹拉格位于萨万西北部，距巴亚德不远。穆太奈比可以从艾兹拉格出发，前往库法。为穆太奈比寻找阿拉伯护卫的福莱泰，就住在拉斯萨万。拉斯萨万或许就是萨万地区地势较高的地方。

萨万地区具体在哪里呢？它南起约旦东南部，东经31° 30′，向西北方向延伸至艾兹拉格地区。萨瓦地区地质多为黑色岩系，与巴亚德地区截然相反。接下来，我将叙述穆太奈比从西斯马到

---

① 参见马格迪西著《地区分类大全》，第251页。

巴亚德的旅程，以及他是如何穿越这两个区域。穆太奈比叫醒仆人并让他们骑上骆驼和马匹从西斯马向巴亚德出发后说道：

　　骆驼像西风一样从西斯马出发，迎着东风疾驰。①

　　逃亡的穆太奈比用这种夸张的手法描写他的骆驼和马匹离开西斯马的情形，用西风的疾迅来比喻它们的速度。西风自西向东，推着穆太奈比从西斯马迎着东风前行。穆太奈比用东风和西风来比喻有何用意？为什么同时提到东风和西风？穆太奈比是否是在引用古典中的说法？

　　考虑到穆太奈比学识渊博以及该地区的特殊性，我们的设想是正确的。先知穆罕默德曾说："我借东风而胜利，阿德人因西风而失利。"②穆太奈比在此处以西风进行借喻或许并非偶然，一些对穆太奈比诗作进行注释的书籍指出，穆太奈比从伊尔姆山出发后所经过的地区，正是《古兰经》中提及的"有高柱的伊赖姆"③。《古兰经》中还有一句④对赛莫德人说的话也可为此佐证："你们要记忆那时，他在阿德人之后，以你们为代治者。"⑤

---

① 参见《穆太奈比诗集》，第497页。
② 参见《布哈里圣训实录》，第2册，第33页。
③ 参见《古兰经》"黎明章"，第7节。
④ 参见《古兰经》"高处章"，第74节。
⑤ 参见拉齐著《古兰经解释大全》第14册，第306页。书中对这句经文解释道："真主打败阿德人后，让赛莫德人居住在这片土地上。" 参见泰卜里著《古兰经解总汇》，第8册，第327页。书中写道："西斯马当时是赛莫德人放养骆驼的地方。" 赛莫德人代替阿德人统治这片地区并在其中放养骆驼的说法并不可靠。因为根据部分史料记载，阿德人生活在南部的哈达拉毛地区，而赛莫德人则生活在北面的马甸沙勒地区。

在伊尔姆山的东面，有一片隆起的沙丘，向东穿越这片沙丘非常困难。

穆太奈比在写这句诗的时候，是否也是如此思考的呢？

我认为，正如先知穆罕默德借东风战胜了对手，穆太奈比当时希望真主能够以东风来帮助他，抵御他自己、马匹、骆驼和仆人身后的西风所带来的厄运和焦虑，又或许他借用西风来指代卡夫尔的密探、眼线和士兵，特别是泰伊部落的瓦尔丹。

让我们继续跟随穆太奈比的脚步。穆太奈比在诗中描述他迅速离开西斯马之行：

> 我射箭的方向，是基法夫和卡比杜维哈德；布维拉就在
> 加达谷地旁。①

穆太奈比在此处用箭来比喻骑行的速度，箭的飞行速度极快，而他的骆驼和马匹就像这离弦的箭一般，从神射手的弓弦中射出，而射出第一箭的必然就是这支队伍的领袖了。穆太奈比或许从古代诗人卡阿卜·本·祖海尔那里受到了启发，后者也曾如此描写骆驼：

> 这头白色野牛的眼睛，可以射中隐蔽的幽冥。②

穆太奈比用这句诗概括了他从西北方向的西斯马和萨万南下，前往布塞塔的旅途。要正确解读这句诗，我们需要进行仔细

---

① 参见《穆太奈比诗集》，第497页。
② 参见《卡阿卜诗集》，第10页。

分析，挖掘该诗前言中的细节和地理著作中可供参考的信息。

基法夫在哪里？卡比杜维哈德在哪里？布维拉在哪里？加达谷地在哪里？

原则上来讲，这些都是水源坐落处的地名。穆太奈比离开西斯马后朝东骑行，遇到的第一处水源地就是卡比杜维哈德。这处水源的东面是卡比杜山，卡比杜谷地或卡比杜维哈德谷地的水就来自这座山及其周边的山区。这个山谷也被称为杰鲁拿绥卜，它是一片广阔的谷地，海拔很低。首次来到这里的人很难轻易下至谷地中。谷地内有许多已被掩埋的水井遗址，直到近代仍然是骆驼饮水之处。此处的水源曾经非常充沛，现在还能清楚地发现这种迹象。卡比杜维哈德谷地向西延伸，或许它的溪流曾汇入西斯马。这个谷地至今还沿用着这个名字，但是已经没有水了。

前文曾提到，随着岁月变迁，穆太奈比逃亡时途经的许多水源，其名称都已发生了变化，基法夫也是如此。

此处我可以举一些例子，让读者了解地名一般会发生怎样的变化，这种变化也发生在穆太奈比途经水源地的名称上。

有的地名由于替换成发音相近的字母从而发生变化，例如上文提及的纳吉赫泰尔山中的"纳吉赫"变成"纳吉阿"。

有的地名则由于省略了几个字母而变成表面看上去完全不同的地方，例如现今叙利亚、约旦边境的达尔阿市，它旧称艾兹尔阿特。诗人伊穆鲁·盖斯曾说：

艾兹尔阿特和它的居民令我沐浴在阳光中。[1]

---

[1] 参见《伊穆鲁·盖斯诗集》，第31页；参见西巴维赫著《西巴维赫之书》，第3册，第233页。

"艾兹尔阿特"这个词开头和结尾的字母都被省去，从而变成了"达尔阿"。

还有的地名因为一个字母的改变而发生了变化。例如在穆太奈比时代的马格迪西将艾莱、尼尼微、伊本图伦这三个地名中的某个字母写成了另一个字母，导致这三个地名变成了维莱、努尼微和伊本泰伦。[①]

字母顺序颠倒和互换也是一个常见的原因，例如巴扎赫和扎巴赫、马斯拉赫和马拉斯赫、杰扎卜和杰卜扎、哈法尔和法哈尔等。

还有改变某个位置上的字母，例如萨杰尔和法杰尔、卡拉卡尔和卡拉基尔。这些都是阿拉伯语中常见的语言变化。

现在回到穆太奈比的逃亡之旅。穆太奈比两次途经基法夫，一次是在向东骑行然后折向西北方前往拉斯萨万时经过基法夫山，另一次是南下去往布塞塔时经过基法夫谷地。基法夫这个名称发生过两次改变。第一次改变：当旅行家穆齐勒在公元二十世纪初经过基法夫地区时，他在书中记载的地名还是"卡弗夫"，这或是随行的当地人告诉穆齐勒的，否则他不会如此记录在书中。[②]第二次改变：现在这个地区的名称是"法库克"，它是将二十世纪初地名的字母顺序进行颠倒，有的字母提前，有的字母置后。当代约旦地图上标注的正是这个名称。卡卜达山和法库克山脉及其山谷相毗邻，均位于萨万地区。其中法库克山脉向东延伸进入沙特境内的村之谷（今塞尔罕）。我去过这片区域，看到了古雷亚特市南部的多条隧道，法库克河谷就穿过这些隧道，大约共有十条隧道。而卡卜达维哈德谷地则向西延伸进入西斯马地

---

① 参见马格迪西著《地区分类大全》，第146、252、199等页。

② 参见穆齐勒著《阿拉伯沙漠》，第131、523页。

区。在此我要指出两点：一是穆太奈比在诗中提到的地名，通常不与他途经之地的顺序相符，主要是根据诗的韵律来排序；二是穆太奈比只是途经基法夫山，并没有在当地停留，但是他极有可能曾在基法夫谷地过夜。显然，他需要在那里为自己、为马匹和骆驼补充所需的水。穆太奈比穿越卡卜达维哈德谷地和基法夫山脉，先向东北，然后朝西经过两天两夜抵达拉斯萨万后，等待他的命运是什么？

在此，我们必须回到穆太奈比诗作的前言，了解他的两名信使的足迹。穆太奈比派遣阿里·哈法吉和阿莱万·马金前去追捕偷盗他宝剑和马匹后逃跑的仆人，从他们两人身上也能了解穆太奈比所处的位置和活动。诗的前言中写道："到了早上，穆太奈比派阿里·哈法吉和阿莱万·马金前去追捕逃亡的奴仆，二人发现了他们的踪迹，在下午时分便追上了他。奴仆问他们俩主人在哪里，二人回答说：'马上到。'并且指了下方向。奴仆朝着二人的方向靠近了点，思考着什么问题。二人对他说：'上前来。'奴仆说：'我没有看见他，我身上只有宝剑（只有一战）。'于是三人打斗了起来，奴仆被杀死。次日，二人返回，恰好遇到回来的福莱泰，后者说道：'你们太幸运了。你们杀他的时候，一支马队正好经过。如果你们停留在原地，肯定会遇到那支马队。'穆太奈比听后即刻前去查看马队的足迹。此外，福莱泰并没有找到能够为穆太奈比提供护卫的阿拉伯人。穆太奈比对他说：'那就让我们在真主的保佑下，突围前去杜马占德勒。'"[①]

这段记述包含了诸多细节，具体如下：

---

① 参见《穆太奈比诗集》，第492页。

1. 哈法吉、马金、福莱泰和穆太奈比四人，当时都在拉斯萨万。

2. 穆太奈比的两名信使与背叛他并携剑逃跑的那名仆人间发生了打斗，那名奴仆被杀死。即使穆太奈比没有亲手杀死他，但至少也夺回了被偷走的马匹。

3. 在法扎拉部落派人保护穆太奈比抵达拉斯萨万后，穆太奈比未能找到其他部落派遣护卫保护他继续前往库法。而法扎拉部落似乎也无法在接下来的旅途中保护穆太奈比。

4. 穆太奈比经过一支马队时，他望着这支马队，心中升起了不安之感。正如福莱泰所推测的那样，这是卡夫尔的马队。

5. 发现局势严峻后，穆太奈比决定再次改变自己的计划。同时，他还有另一方面的担忧，那就是有人在西斯马监视他，知道他想要去巴亚德，这些监视者不是卡夫尔的眼线，就是他的敌人瓦尔丹的眼线。

在经历第一次挫败回到泰尔班后，穆太奈比再次陷入了失望。

在此情形下，穆太奈比已经无法选择水之谷路线、伊本·豪卡勒路线、马格迪西路线这三条通往东北方向的道路了。

然而穆太奈比绝非束手就擒之人，在得知无法走先北后东这条路线后，他坚定地对福莱泰说："那就让我们在真主的保佑下，突围前去杜马占德勒。"穆太奈比决定彻底改变他的计划，由北上改为南下！

穆太奈比曾三次计划走村之谷的路线。第一次是在亚喀巴郊外，他让自己的骆驼在水之谷和村之谷之间做选择，最终他依照骆驼的选择走了村之谷那条路线。第二次是从泰尔班抵达西斯马后决定走村之谷，然而卡夫尔写信怂恿他身边的阿拉伯人出卖他，迫使他离开西斯马，让仆人骑上骆驼和马匹，悄悄前往巴亚德，并在那里从前文提及的三条道路中做出选择，但又遭遇了失败。现在，穆太奈比第三次选择了村之谷路线，这也是他唯一的选择。穆太奈比这次的旅途又是怎样的呢？

诗的前言中写道："穆太奈比朝基法夫出发，三天后到达布维拉。"[1]

雅古特记载："基法夫在村之谷附近，穆太奈比曾路过该地。"[2]雅古特还写道："'布维拉'一词，是'水井'的指小名词。它位于村之谷附近。"[3]我们这里所指的村之谷，并非大家熟悉的那个村之谷。我必须指出的是，诗的前言中明确了基法夫到布维拉的距离是三天的路程，这是南北方向的距离。那么，东边的村之谷和西边的基法夫、布维拉之间的距离又是多远呢？雅古特称这两个地方都位于村之谷附近，此处的村之谷当然是指不出名的那个村之谷。在这个从北向南延伸的谷地中，最大的村庄包括杜马占德勒、赛卡卡和卡拉。该地现在被称为塞尔罕谷地。鉴于此，村之谷与这两地东西向的距离应该大致相同。我亲自考察过这些地方，他们之间的距离不过数公里。

那么，基法夫在哪里？布维拉又在哪里？

前文已经详细叙述了基法夫的情况，介绍了这个自西向东延伸的谷地，提到了它注入村之谷的谷口，以及它的名称是如何从"基法夫"变成"卡弗夫"又改为"法库克"。

那么，布维拉在哪里？

---

① 参见《穆太奈比诗集》，第495页。
② 参见雅古特著《列国志》，第4册，第467页。
③ 参见雅古特著《列国志》，第1册，第512—513页。

在回答这个问题前，我想先提出以下几点：

1. 穆太奈比在诗句中提及加达谷地时，称布维拉位于加达谷地附近，以该谷地来确定它的位置。

2. 曾经声名远扬的布维拉现在变得鲜为人知，而当时并不出名的加达谷地现在却广为人知。

3. 我在阿拉伯地理学者的著作中寻找这个布维拉，除了雅古特等人引用穆太奈比诗句的内容以外，没有找到其他任何记载。

4. 穆太奈比途经的水源地，我都能在现代地图中找到其位置，即使有的地名已经发生了变化。但是，我并没有在地图中找到布维拉。即便如此，我仍试图去寻找布维拉的位置。哈马德·贾西尔谢赫是首位尝试探寻布维拉位置的学者，他用了较大篇幅来进行分析。但是，贾西尔谢赫得出的结果与穆太奈比逃亡路线完全不吻合，他本人也对这个结论不甚满意，认为布维拉真正的位置并非如此。他在书中写道："我认为，布维拉是位于欧法勒谷地西面的一座山，在欧法勒谷地和亚喀巴湾之间。当地人称这个区域为'布瓦拉'，游牧民族习惯于用字母'الألف'替换字母'الياء'，例如将'费萨尔'称为'法萨尔'。因此，这里可能就是穆太奈比在诗中提及的布维拉。"

我并不认同这种说法。亚喀巴和加达谷地相距400多公里，亚喀巴附近的山区怎么可能在加达谷地附近呢？

贾西尔谢赫还写道："雅古特记载：'哈齐米在他所著的《国家名称异同录》中提及，以使节身份拜会先知穆罕默德的欧斯·欧兹里，请求先知把村之谷内的一片区域赐给他，先知应允。这块先知赏赐的地区至今仍被称作布维拉欧斯。'这里提到的布维拉位于村之谷，并非前文提及的山区。因此，穆太奈比从埃及前往布塞塔走的必然是著名的朝觐大道。"但是贾西尔谢赫得出这一推论后，随即又对其真实性产生了怀疑，他写道："穆太奈比想去的是伊拉克，他为什么要走这个方向呢？"贾西尔继续写道："这毫无道理，除非当时穆太奈比正在犹豫，到底是去汉志还是去伊拉克。因此，他经朝觐大道前往亚喀巴，抵达基法夫（今基法法谷地）。随后向北出发离开村之谷，途经欧拉附近的布维拉，朝杰纳卜（杰赫拉）沙漠反方向而行，直至抵达布塞塔。"①

我并不认同这种说法，这样的路线非常不合理。贾西尔谢赫自己也否认了这种可能，他写道："穆太奈比不可能走这条路线，众所周知，他是一个立场坚定的人。"我赞同贾西尔谢赫的这个观点，这条路线是不合理的。他之所以提出这种可能，是因为他与其他学者一样，搞错了村之谷的位置。

我们继续回到关键问题上，布维拉在哪里？

首先，我们来分析旅行者南下布维拉的三天之旅：与基法夫谷地北部相邻的区域被称为乌贝尔或乌贝尔水源或乌贝尔谷地，这个地区在现代地图中的名称是巴伊尔谷地。有人认为，巴伊尔就是布维拉。这种猜想虽然不正确，但也情有可原。因为"巴伊尔"和"布维拉"两个单词的字母和词根都是相同的。根据穆齐勒记载，巴伊尔此前被称为乌贝尔，此后地名中的第一个字母被删去，变成了"贝尔"，这个词在发音的时候存在一定的难度，因此它便在长期使用中逐渐转变为巴伊尔。②

---

① 参见贾西尔谢赫著《沙特阿拉伯地理大辞典》，第1册，第233—235页。
② 参见穆齐勒著《阿拉伯沙漠》，第517页。

其次，地名的改变是语言学上的原因，这已经得到阿拉伯地理学者们的证实。巴伊尔最初的名称是乌巴伊尔，人们为了发音方便就将第一个字母省去，从而变成了现在的巴伊尔。

贾西尔谢赫记述道："巴伊尔山谷的水流，注入了塞尔罕谷地西部，它的原名是乌巴伊尔。"①在谈及乌巴伊尔时，贾西尔谢赫写道："伊本·马亚达在他的诗中写错了乌巴伊尔这个地名。"②

雅古特援引了伊本·马亚达的诗："她们发现已接近乌萨比尔，那片广袤的草原，身后是萨吉儿。"贾西尔谢赫还援引了雅古特对乌巴伊尔的描述，后者将其记为"乌亚伊尔"，称这是"沙姆地区的水源地，毗邻侯兰的北部"③。雅古特还援引了伊本·马亚达的一句诗："感谢真主，我来到了乌亚伊尔。" 诗人创作这首诗时，正在当地春游，做客于哈里发瓦利德处。

此外，上文提到的伊本·马亚达的第一句诗，在他的诗集中还出现过一次："她们发现已接近乌巴泰尔……"

这个地名在伊本·马亚达的诗中出现过三次，而三次的写法均不相同，其中一处为雅古特的记载。这足以证明，这个地名发生过变化。

贾西尔谢赫写道："正确的名称应该是乌巴伊尔。"④他的说法是正确的，至于其他说法，则都不同程度地存在错误。蒙昧时期的诗人哈提姆·塔伊是首个提及该地名的人，他的说法是准确的，并且用乌巴伊尔附近的地名来进行佐证：

---

① 参见贾西尔谢赫著《沙特阿拉伯地理大辞典》，第167页。

② 参见贾西尔谢赫著《沙特阿拉伯地理大辞典》，第167页。

③ 参见贾西尔谢赫著《沙特阿拉伯地理大辞典》，第1册，第24页；参见雅古特著《列国志》，第1册，第287页；参见《伊本·马亚达诗集》，第133、226页。

④ 参见贾西尔谢赫著《沙特阿拉伯地理大辞典》，第1册，第25页。

将我的口信带给艾布·努曼……

他的族人已经远离故土，生活在侯兰和乌巴伊尔之间。

他们思念布塞塔附近的菲特，正如骆驼想念它的牧草。①

对于乌巴伊尔的准确位置，各种史料、诗歌中众说纷纭，但是哈提姆在诗中同时提到了乌巴伊尔、侯兰和布塞塔，精准地确定了乌巴伊尔的位置。此外，地名从哈提姆·塔伊这位蒙昧时期诗人口中的乌巴伊尔，变为伊历三世纪马格迪西口中的乌贝尔，也是正常的现象。两人相隔三百年，其间的人们为了发音方便逐渐将其念成了乌贝尔。

此外，乌贝尔（巴伊尔）谷地东北部位于北纬30°20′，西南部位于北纬30°5′，其南部与基法夫山谷群接壤。基法夫山谷群中最大的谷地位于乌贝尔谷地的西南面，现称舒艾卜·法库克；山谷群的其余谷地均位于其南部，从北向南依次为法克·艾布·陶格谷地、法克·谢赫谷地、法克·艾布·达里萨谷地和法克·艾布·泰兰谷地。所有这些谷地的地势都由西向东逐渐降低，其水流最终均注入塞尔罕谷地（村之谷）。

也许穆太奈比提及基法夫时，指的是他在离开乌贝尔后，途经并穿越整个基法夫山谷群，跋涉三天后南下抵达布维拉。所有这些证据都表明，布维拉绝对不可能是基法夫附近的巴伊尔。

穆齐勒记载："骑骆驼平均每天可走40到50公里。"②鉴于穆太奈比当时急于南下逃离，用了大约三天抵达加达谷地附近的布维拉，两地相隔约150公里。因此，穆太奈比离开基法夫后，每天

①　参见《哈提姆·塔伊诗集》，第275—276页。
②　参见穆齐勒著《阿拉伯沙漠》，第518页。

行路大约是50公里，甚至更多。

此外，穆太奈比选择南下，又给我们抛出了一个新问题：在离开乌贝尔或基法夫前后，穆太奈比并未找到能够继续帮助他的部落。他对福莱泰说了那句豪言壮语："那就让我们在真主的保佑下，突围到杜马占德勒。"那时他心中的下一站是哪里呢？

首先，我们必须知道从北向南有哪几条路可以走。其次，我们尝试分析穆太奈比会走哪条路，以及这条南下之路的下一处水源会在哪里。与穆太奈比生活在同一时代的马格迪西，其著作是记载从沙姆向南去往泰马和汉志道路的最好史籍，其中记载道：

> 塔布克路：从安曼至马安途经两个水源点，然后到塔布克也是途经两个水源点，再到泰马途经四个水源点。
>
> 乌贝尔路：从安曼至乌贝尔途经三个水源点，然后到艾吉瓦利途经四个水源点，再到萨杰尔途经两个水源点，最后到泰马途经三个水源点。
>
> 巴特努西尔路：从安曼至奥尼德需要两天，然后到穆赫达萨需要半天，随后到奈卜克需要半天，再到马阿需要一天，再到哈尔巴需要一天，再到阿尔法贾需要一天半，再到穆赫里需要三天，最后到泰马需要四天。[①]

这三条大道是阿拉伯人前往麦加的道路。在伍麦叶王朝时期，这些道路上设有驿站。此外，艾布·伯克尔和欧麦尔两位哈里发的军队也是经这些道路征服了沙姆地区。我曾多次走过这三

---

① 参见马格迪西著《地区分类大全》，第250页。

条既便捷又安全的路线。现在问题是：穆太奈比南下前往杜马占德勒时，走的是这三条路中的哪一条？

穆太奈比显然不会走塔布克路，因为这条路位于约旦最西面，而穆太奈比此时处于约旦最东面。他也不会走巴特努西尔路，因为这条路不经过基法夫和乌贝尔，也不通向加达谷地。那么，只剩下一条路线，那就是乌贝尔—艾吉瓦利—萨杰尔路。据我推测这正是穆太奈比所走的路线。穆太奈比诗作的前言可以为此佐证，其中写道："穆太奈比从拉斯萨万/艾兹拉格出发，朝基法夫而去，三天后到达布维拉。"基法夫位于今巴伊尔的乌贝尔附近。布维拉则在加达谷地旁边。因此，穆太奈比从拉斯萨万/艾兹拉格出发，途经基法夫，朝布维拉方向前进，先后抵达加达谷地和布塞塔，最后到达杜马占德勒。

还有一个问题没有解决。穆太奈比行路三天才抵达的布维拉在哪里？他可能在布维拉补充饮水，或是在其附近的加达谷地补充。

在确定布维拉的位置前，我们首先要了解，马格迪西对地名的命名方式不同于其他的地理学家，例如：他将"艾莱"称为"维莱"，[1]将"尼尼微"称为"努努微"，[2]将"巴努图伦"称为"巴努泰伦"，[3]将"乌贝尔"称为"瓦贝尔"[4]。

这便是马格迪西的命名习惯，他的书中皆如此。

既然穆太奈比走了这条路线，那么在经过乌贝尔之后，他将

---

① 参见马格迪西著《地区分类大全》，第239、249、250页。
② 参见马格迪西著《地区分类大全》，第131、146页。
③ 参见马格迪西著《地区分类大全》，第199页。
④ 参见马格迪西著《地区分类大全》，第249、250页。

到达艾吉瓦利，这个地名是否也存在改变呢？穆太奈比是否在此处补充了饮水？

　　穆齐勒写道："马格迪西在其书中将字母'卡夫'写作'吉姆'。"[①]我研究了马格迪西书中的部分地名，认为穆齐勒所言属实。他还举例如下：书中第98页的"杰里卜"，在雅古特所著《列国志》第4册第458页为"卡里卜"；书中第163页的"吉什"，在雅古特所著《列国志》第4册第462页为"卡什"；书中第221页的"吉尔金特"，在雅古特所著《列国志》第4册第453页为"卡尔坎特"；书中第300页的"贾姆"，在雅古特所著《列国志》第4册第432页为"卡姆"；书中第411、413页的"焦尔"，在雅古特所著《列国志》第4册第489页为"库尔"；书中第468页的"金扎鲁兹"，在雅古特所著《列国志》第4册第481页为"坎扎鲁兹"。

　　如果对这个问题展开进一步研究，我们就可以发现，在阿拉伯语中，"吉姆"和"卡夫"两个字经常相互替换。集语言之大成者艾布·阿拉·麦阿里在其所著的《宽恕书》中写道："阿迪·本·宰德说过：'马克布尔（译者注：意为自大的人）！你的财产已经足够在天堂享福了！'"[②]

　　阿迪虽然说的是"马克布尔"，但他所指的其实是"马吉布尔"（意为可恶的人。——译者注）。他将"吉姆"写作"卡夫"，这是也门地区不太规范的用法。据传，哈里斯·本·哈尼·肯迪在萨巴特之日喊道："侯克尔！侯克尔！"他其实指的是"侯吉尔"。

─────────────

① 参见穆齐勒著《阿拉伯沙漠》，第126页。
② 参见艾布·阿拉·麦阿里著《宽恕书》，第200—201页。

因此，当马格迪西称穆太奈比所走的是"瓦贝尔—艾吉瓦利—萨杰尔"之路时，他将"乌贝尔"写为"瓦贝尔"。根据上文所述，其中的"艾吉瓦利"原名应当是"艾克瓦利"，马格迪西将"卡夫"写作了"吉姆"。

这意味着什么？

根据前文所述，"我射箭的方向，是基法夫和卡比杜维哈德；布维拉就在加达谷地旁"这句提及的"基法夫"，其名字在历史上发生了两次变化。穆太奈比的诗中称其为基法夫，在公历十九世纪的穆齐勒称其为卡弗夫，而在当代官方地图中它则被称为法库克。

再举一个例子。"艾兹尔阿特"，它的第一个字母被省略，第二个字母发生了变化，最后一个字母也被省略，从而变成了今天的"达尔阿"。

这或许意味着，"艾克瓦利"这个地名也经历了类似的变化。它的首字母被省略变为"克瓦利"，后面两个字母被颠倒变为"克利瓦"，最终随着人们的使用变成了"库勒瓦"。[①]既然如此，那么库勒瓦在哪里？

库勒瓦位于布塞塔西北部塔比格山的北面。这是一处伊斯兰教出现前便已存在的古老定居点，一些房屋墙壁遗址保留至今。我曾亲自考察过这个地方，这些墙壁上留有库法体的阿拉伯字母。专家表示，其年代可追溯到伊历二世纪至三世纪。这个定居点离加达谷地的距离大约是10公里。

在库勒瓦附近，有一处盆地被称为库勒瓦盆地。根据游牧人

① 参见穆齐勒著《阿拉伯沙漠》，第126页。

民的说法，这个盆地是用来蓄水的，可以在夏天保留水源，不会很快干涸。雨季来临之时，盆地内积有雨水，可供他们的骆驼和其他牲畜饮用。或许正是因为这个原因，该地区的定居点才位于塔比格山而不是其他地方。

那么，库勒瓦是否就是布维拉呢？

我认为是的。之所以这么认为，首先，现代考古发现，库勒瓦有许多小口的水井；其次，库勒瓦的水是死水，无法饮用。因此，穆太奈比用地名的指小名词来称呼它，除了因为当地水井的井口狭小外，还带有蔑视的含义。马格迪西曾如此描述那里的水源："艾吉瓦利是受真主惩罚的地方，谁喝了那里的水，不死也要得肿瘤。"①同时，非常重要的一点是，无论是穆太奈比还是马格迪西，都没有提及在乌贝尔和艾克瓦利之间还有其他的水源。如果存在这样的水源地，那么多次行走这条路线的马格迪西至少会提到。此外，穆齐勒曾提出过一种可能，布维拉就是古维拉，因为古维拉是加达谷地中树木茂盛之地。但是这种猜测是错误的，因为古维拉位于约旦西部城市亚喀巴的北面，而与布维拉毗邻的加达谷地却位于约旦东南部、基法夫南部。②综上所述，虽然在我有限的研究中，因为年代久远导致部分材料遗失，且大部分地理学者们对布维拉一地并不重视，所以并未找到该地的准确位置，但我仍坚持，并不排除存在一处被称为布维拉的水源地的可能。

穆太奈比在艾克瓦利或库勒瓦或布维拉补充饮水后前往加达谷地，那么加达谷地在哪里呢？

---

① 参见马格迪西著《地区分类大全》，第253页。
② 参见穆齐勒著《阿拉伯沙漠》，第528页。

加达山位于库勒瓦定居点南部，从东南延伸至西南。雨水从山上流下，成为加达谷地的水源。该地现称为古达谷地。在此，我也想分析探讨这个谷地名称的变化。"古达"是不是"加达"的指小名词呢？在我看来，确实如此。诗人杰米勒·布塞纳曾在诗中用指小名词的方式提及这处谷地，他写道：

我为了你在清晨急行，从古达来到纳瓦比赫。①

巴克里在其所著的《答疑解惑辞典》中引用杰米勒的诗句时注释为："古达谷地在布维拉对面，就是穆太奈比在其诗句'布维拉就在加达谷地旁'中提到的那个谷地。"②这足以说明，从伍麦叶王朝时期开始，人们就用"加达"的指小名词"古达"来称呼这个谷地。

此外，从语言和日常使用习惯角度看，"加达"一词词尾经常被写为减尾的"الألف"。现代人读这个词的时候，极有可能将"الألف"念为"الياء"，同时又将其定冠词省去，然后再把这个名词指小化，最终变为"古达"。

这种变化并不罕见，例如在内志的瓦什姆地区，在乌谢卡尔以南的舍格拉赫和内夫得沙漠东北部之间，有一片著名的荒漠区域，蒙昧时期的诗人齐亚德·本·蒙齐兹曾创作了一首诗，在旅居地萨那怀念自己位于内夫的沙漠东部的故乡，诗中写道：

---

① 参见《杰米勒·布塞纳诗集》，第299页。
② 参见巴克里著《答疑解惑辞典》，第999页。

何时我能再次回到舍格拉，回到哈鲁纳卡。[①]

十四个世纪后，齐亚德在诗中提到的"哈鲁纳卡"现在被当地人称为"哈鲁努盖"，也就是"哈鲁纳卡"的指小名词，这与"加达"和"古达"的变化如出一辙。当地人将减尾的"الألف"念为"الياء"，然后将地名指小化以便发音。

因此，位于库厄勒南部、加达山南部这个通往布塞塔的加达谷地，就是现在的古达谷地。从加达山延伸而出的山谷主要有两大支，第一支现在被称为古达-艾布塔莱赫谷地（"塔莱赫"在阿拉伯语中意为阿拉伯橡胶树。——译者注）。该谷地较大，向西并入塔比格山区。第二支是古达-艾布加达谷地（"加达"在阿拉伯语中意为柽柳。——译者注），向东并入阿莱姆山北部和哈德拉吉地区南部，其出口距阿莱姆山10—15公里。每个山谷的名字都自有其由来：第一个山谷中生长着许多阿拉伯橡胶树，第二个山谷则生长着柽柳。我曾坐车在这两处山谷中穿行，每个山谷都蔓延宽广，特别是艾布塔莱赫。

我认为，穆太奈比在抵达加达谷地后，补充了饮水，然后在加达谷地分出的两个山谷之间向东南方向前行，进入布塞塔境内。就这样，当穆太奈比穿过焦什山和阿莱姆山，远离加达谷地后，他不断表达着自己的喜悦。他曾在悼念逃离埃及前去世的朋友法提克·伊赫希迪的诗句中如此描述自己在途中的迅驰："我一路疾驰逃离埃及，好像我的双脚在驱赶着双手，直到我路过焦什和阿莱姆。"[②]

---

① 参见马尔祖基著《激昂派诗人诗歌注释》，第1399页。
② 参见《穆太奈比诗集》，第511页。

确定这两座山的位置，将帮助我们更加清晰地掌握穆太奈比离开加达谷地后，抵达布塞塔之前的行踪。那么，焦什和阿莱姆山在哪里呢？

雅古特说："焦什，是位于盖因地区的一座山，在艾兹尔阿特和荒漠之间。"①他还援引了穆太奈比的诗句。我认为，雅古特对这座山或丘陵位置的描述太过于笼统了。这个在阿拉伯半岛北面，与约旦西北边境和叙利亚西南边境接壤的艾兹尔阿特（今达尔阿）到底在哪里？此外，鉴于他同时提及焦什与阿莱姆山，那么寻找第二座山的位置有助于我们找到第一座山的位置。雅古特还说："阿莱姆，离杜马一天的距离。就是穆太奈比诗句中提到的阿莱姆。"②

穆太奈比在诗中将焦什和阿莱姆放在一起，表明两地相隔不远。那么靠近艾兹尔阿特的焦什和靠近杜马占德勒的阿莱姆在哪里呢？

事实上，雅古特并没能准确地确定焦什的位置，正如贾西尔谢赫也未能准确地确定阿莱姆的位置。贾西尔在其著作中写道："穆太奈比提及的'阿莱姆'是一处高原，位于布塞塔西南面，仍然沿用这个名字。"③我认为，贾西尔所指的阿莱姆，其位置与现在人们所知的位置不符。阿莱姆位于布塞塔的北面或者稍向西北。这是一座高耸入云的山峰，旅行者都以其为指引。我们曾驱车而上，在各种颠簸之后登至山顶。可以为此佐证的是，贾西尔谢赫又一次提及了阿莱姆，以间接的方式证明了我所指出的位置

---

① 参见雅古特著《列国志》，第2册，第185—186页。

② 参见雅古特著《列国志》，第4册，第147页。

③ 参见贾西尔谢赫著《沙特阿拉伯地理大辞典》，第937页。

是正确的。他在书中暗示，阿莱姆山位于布塞塔北面，而不是西南面。他如此描述这条道路："这是一条老路，在穿越布塞塔沙漠从焦夫向北行进后，来到阿莱姆山。这座山向西延伸，横贯塔比格路。"①

这个记载是完全正确的。当时走塔比格路时，途经萨杰尔（今法杰尔）、艾克瓦利、乌贝尔、安曼抵达大马士革（沙姆）。这也是马格迪西所提的路线。②基于此，我们可以基本确定阿莱姆的位置，然而焦什又在哪里呢？

当你站在阿莱姆山巅，像我一样朝西南方向眺望，那向西绵延的高地一览无余。我曾沿着这片高地考察，它几乎延伸至布塞塔西北边境的塔比格山脉。我基本可以确定，穆太奈比正是沿着焦什高地末端和塔比格山荒漠之间的道路进入布塞塔。

现在，当地人将这片高原称为侯萨，官方地图上也采用这个地名。与其他穆太奈比途经或在诗中提及的地名一样，这个地名也发生了变化。穆太奈比在诗中提到了焦什和阿莱姆，焦什这个名称变了，但是阿莱姆没有变。焦什可能经历了如下的变化：焦什—侯什—侯斯—侯萨阿，最后根据当地人的语言习惯，去掉了最后的"阿"，变成侯萨。

但是我们仍然需要找到相关文献，证明焦什到侯萨的转变历程，以及这两个地名所指的是同一个地方。我在一些地理材料中找到了可以为此佐证的内容。雅古特在叙述位于萨杰尔谷地西南面的萨杰尔井（今法杰尔井）时说道："这是属于盖斯部落的水井，位于焦什。"众所周知，这口水井和这个部落位于今侯萨，

① 参见马格迪西著《地区分类大全》，第358页。
② 参见马格迪西著《地区分类大全》，第250页。

那么也就是古时候的焦什。我也亲自考察了这两个地方。贾西尔谢赫在叙述从阿拉伯半岛北部至沙姆地区的一条道路时写道："第二条路始于两山之间，穿过萨杰尔谷地（今法杰尔谷地），经过布塞塔平原，越过穆太奈比在诗中提到的焦什山。"①

"……直到我路过焦什和阿莱姆。"鉴于穆太奈比途经了这两个地方，说明这两地相邻，大约位于布塞塔的北面。现在，穆太奈比已经走过焦什和阿莱姆，进入了布塞塔。他终于脱离了卡夫尔的势力范围，无论是他的状态、语言还是内心都发生了极大的变化。这是翻天覆地的变化！

穆太奈比生平中记载："穆太奈比进入布塞塔后，看到一群奴隶正在反抗，他说道：'这是清真寺的尖塔！'另一人指着他身边的鸵鸟说道：'这是椰枣树！'穆太奈比同身边的人一同放声大笑。"②他在诗中写道：

> 雨点稀稀落落地洒在布塞塔，让仆人们眼花缭乱。
>
> 他们将奴隶看作尖塔，将骆驼视为椰枣树。
>
> 大家握紧手中的缰绳以免跌落，有人莞尔一笑，有人大笑不止。③

当他面对西奈半岛的泰赫地区时，何时说过这样的话！那时他说的是："我骑着骆驼前往泰赫，像个冒险家，不成功便成仁。如果骆驼遇险害怕，我就骑上马，抽出利剑，提起长矛。"

---

① 参见贾西尔谢赫著《沙特阿拉伯地理大辞典》，第1册，第201页。
② 参见《穆太奈比诗集》，第495页。
③ 参见《穆太奈比诗集》，第497页。

对穆太奈比而言，在泰赫时的那种恐惧以及随时准备拔刀作战的忧虑不复存在，取而代之的是在布塞塔和仆人的开怀大笑！自从我们追寻他的足迹以来，这是第一次听到穆太奈比的笑声，这是自由的回响！我认为，穆太奈比正是怀着这种心情创作了下面的诗句：

　　我一路疾驰逃离埃及，好像我的双脚在驱逐双手，直到我路过焦什和阿莱姆。

　　穆太奈比的骆驼、马匹和仆人都将焦什和阿莱姆抛在身后，更是将整个埃及和卡夫尔抛在身后。他无比真诚地抒发出自己在埃及和布塞塔天壤之别的心情。从布塞塔开始，穆太奈比开始了一段更为放心的旅程。他继续前往村之谷，正如他的骆驼在尼卡卜所做的选择那样。现在，穆太奈比终于可以开怀大笑，甚至逗乐他的仆人了。"……，有人莞尔一笑，有人大笑不止。"

　　就这样，欢笑和幸福驱散了穆太奈比心中的忧伤。当穆太奈比生活在埃及的巨大监狱之中，当他感染风寒之时，当他在那里百无聊赖之际，何曾发出过这样的笑声，感受过这样的愉悦呢？

　　即便是布塞塔的荒漠和烈日，也让穆太奈比身心愉悦，以至于他和仆人都大笑不止。当穆太奈比还在泰赫地区骑着骆驼穿越荒漠时，他的诗句中何来如此的欢笑和愉悦呢？

　　骆驼像开辟岩石那样穿过布塞塔，在鸵鸟和剑羚间穿梭。

直到欧克达焦夫才停下，在杰拉维悠闲地饮水。①

　　穆太奈比在穿越这两个荒漠时的心境差异是如此之大。在穿
越泰赫荒漠时，他手持宝剑、挥舞长矛；而在穿越布塞塔荒漠
时，他欣赏着途中的骆驼和剑羚。在满怀恐惧地迅速穿越泰赫
后，穆太奈比如今骑着骆驼，领着马匹，以欢乐雀跃的心情轻快
跨越布塞塔。当时的布塞塔还是一片荒漠，只有骆驼和剑羚生活
在其中。穆太奈比的骆驼和马匹之所以如此疾驰，正是因为它们
的主人已经迫不及待地要抵达他心之所向的目的地：库法。

　　或许正是因为穆太奈比对骆驼穿越布塞塔的迅速感到万分高
兴，他在赞美法提克的诗中多次表达了自己对骆驼的喜爱：

　　　　良驼与骏马赛跑，缰绳与笼头齐飞。

　　　　这些仆人甘愿冒险，从容接受命运。②

　　虽然穆太奈比身心愉悦，但是在抵达最终目的地前，他和他
的骆驼及马匹仍然需要补充饮水。首先就是在杰拉维。根据雅古
特的记载，杰拉维是"位于盖斯部落领地的水源点"③。据说，这
是一处水坑，位于泰伊至沙姆的路上。我认为，杰拉维是一个山
谷，有大量已经被掩埋的水井。在山谷的南侧，仍还有大量残垣
断壁。这足以证明，当地的水井和水坑直到近代仍然被用于农业
灌溉，仍然有居民在当地生产、生活。杰拉维的水井深度在7—10

---

① 参见《穆太奈比诗集》，第497页。
② 参见《穆太奈比诗集》，第511页。
③ 参见雅古特著《列国志》，第2册，第177页。

米，容易汲取。现在，穆太奈比获得了所需的饮水，骆驼和马匹也都开怀畅饮，于是他心情舒畅地再度出发了。①

穆太奈比在杰拉维补充了自己和骆驼、马匹的饮水后，又去往了何处？

根据诗歌我们可以知道，穆太奈比先后到达了欧格达焦夫、苏维尔、沙胡尔、朱麦伊和艾达里阿。这里提到的最后一处水源地是艾达里阿，事实上，它却是穆太奈比离开杰拉维后到达的第一处水源地。我们不禁要问：为什么穆太奈比在诗中提及这些地名时将它们的顺序颠倒过来？据我推测，其原因有二：首先，正如前文所述，有时候为了实现诗句的韵律，其内容顺序不一定符合地理顺序；其次则是有可能根据时刻来排序，穆太奈比曾提及阿拉伯半岛北部的地名，并提到了他到达这些地区的时间，具体如下：

> 骆驼穿过布塞塔荒漠，
>
> 在杰拉维解渴，
>
> 清晨抵达萨瓦尔，
>
> 上午即到沙胡尔，
>
> 晚上又至朱麦伊，
>
> 次日清早起程前往艾达里阿，
>
> 然后来到丹纳，
>
> 艾阿库什的夜晚如此美妙，

---

① 我们非常幸运地得到了焦夫省副省长艾哈迈德·阿勒谢赫教授的帮助，他为我们提供了以下这些意料之外的支持：一是重新挖掘了山谷中的一口水井；二是为我们提供了马匹、骆驼和传统服饰，以便我们穿着这些服装，骑着骆驼和马匹，就像穆太奈比及其仆人抵达杰拉维时那样。那真是我们考察之旅中最棒的一天。

随后抵至鲁海米，

　　最后是库法。

　　穆太奈比这么做，或许是迫切地想让读者感受到，在穿越了布塞塔荒漠后，他日夜兼程奔向库法。因此，早上他还在这个地方，次日清晨便已抵达另一地。下午他还在那一处，晚上又到了另一地。无论是他本人，还是他的骆驼、马匹和仆人，都像穿越布塞塔荒漠那样一路疾驰。因此，最后才提及艾达里阿也就极为正常了。

　　对穆太奈比来说，途经的顺序并不重要，他只想表达出自己一路疾驰的速度。因此，诗句的韵律压倒了地理位置的顺序。此外，穆太奈比提及早上、晚上这样的时间变化，是为了突出他在两三天时间内就抵达了库法。我们曾驱车从萨瓦尔前往沙胡尔，行驶耗时约为半日。穆太奈比是如何在一天一夜之间骑着骆驼就顺利抵达？

　　穆太奈比在诗中写道：

　　清晨时分，萨瓦尔便出现在我们眼前；日出之际，沙胡尔又显现在我们眼前。[1]

　　杰卜尔博士将穆太奈比所提及的清晨和夜晚当作事实而非隐喻，所以错误理解了其所言之含义。

　　我们继续追随穆太奈比的脚步，他从杰拉维前往艾达里阿。那么，艾达里阿在哪里呢？

---

　　[1] 参见《穆太奈比诗集》，第497页。

巴克里认为，艾达里阿在麦地那和伊拉克之间。①无论这个艾达里阿是否是穆太奈比途经之地，我和贾西尔谢赫都无法理解，巴克里为何这样说。这是完全错误的。麦地那和伊拉克有什么关系呢？正如雅古特的记载，艾达里阿是阿拉伯人在朝觐之路西侧挖掘的水塘之名。②艾布·阿拉·麦阿里的记载也可为此佐证，他写道："艾达里阿可能是朝觐者途经的一个地方。"③鉴于当时存在多条朝觐之路，它可能在沙姆地区朝觐者所走的路上，也可能位于伊拉克朝觐者脚下之路上。

正如诗的前言中所述，穆太奈比做客于贾法尔·本·基拉卜部落。该部落在艾达里阿和巴里特聚居，这也表明两地存在水源。艾达里阿如今是位于杜马占德勒附近的一座城市，哈什姆艾达里阿则是位于该市北部的一座山。这两处地方位置都明确无误，山麓下通常都有水源。在抵达艾达里阿后，穆太奈比的下一站便是欧格达焦夫。

那么，欧格达焦夫在哪里？

贾西尔谢赫记载道："欧格达焦夫至今仍为人们所知，现称艾巴里格，位于穆太奈比诗中所指的艾达里阿的东南面，与西北方向的杜马占德勒相距8公里。此处确为穆太奈比所指的地方，不存在疑问。"④我认为，这里面实则存在着很大的问题。

一是"欧格达"单独作为地名，或在地名前加上"欧格达"，表示这个地区存在水源、牧草或椰枣树。巴克里写道：

---

① 参见巴克里著《答疑解惑辞典》，第1册，第165页。

② 参见雅古特著《列国志》，第1册，第214页。

③ 参见艾布·阿拉·麦阿里著《亲爱的闪耀者——穆太奈比诗集注释》，第1册，第35页。

④ 参见贾西尔谢赫著《沙特阿拉伯地理大辞典》，第929页。

"欧格达，是有许多椰枣树的地方。为此佐证的是那里栖息着数千只乌鸦，因为那里水草肥美，乌鸦都不舍离去。"①伊本·艾尔拉比也曾说过："每一处肥沃之地都可以被称为'欧格达'，'欧格达'就是指足够骆驼食用的牧草。"他还举了一些例子，例如欧格达哈伊勒、欧格达艾贾、欧格达焦夫等。这些地区都存在水源、牧草或椰枣树。我曾经花了一整天考察贾西尔谢赫所说的"艾巴里格"，完全没有看到该地有任何能够称得上"欧格达"的特点，无法让我们信服这就是欧格达焦夫。这是一片干旱的荒漠，既没有水井也没有水源，更不要说椰枣树或牧草了，甚至丝毫没有生命存在的迹象。它之所以被称为"艾巴里格"，正体现了当地的自然状况。"艾卜拉格"（与"艾巴里格"同根。——译者注）在字典中的解释是"黑白相交"②，这正体现了艾巴里格地区群山的特点，即黄色的山峰与黑色的岩石交杂。当地最大的一座山也被称为黑山。菲鲁扎巴迪在其所著的字典里提到了大量阿拉伯的"艾巴里格"地区，数量超过100处③，但其中并不包括焦夫的艾巴里格。伊本·曼祖尔写道："阿拉伯人将有许多椰枣树的庄园或者村庄称为欧格达。"④

二是穆太奈比在其诗中提到的大多数地方都是水源地，他之所以提及这些地区，显然是为了补充自己和仆人、骆驼、马匹所需的饮水。穆太奈比所提的艾达里阿与"艾巴里格"相距不远。我曾站在艾巴里格，虽然我视力非常差，但仍可以用肉眼看到艾

---

① 参见巴克里著《答疑解惑辞典》，第2册，第393—394页。
② 参见伊本·曼祖尔著《阿拉伯人之舌》，"巴拉格"项。
③ 参见菲鲁扎巴迪著《辞海》，"巴拉格"项。
④ 参见伊本·曼祖尔著《阿拉伯人之舌》，"巴拉格"项。

达里阿。据我推测，穆太奈比在艾达里阿补充完饮水后，不可能在仅仅数小时后又需要前往像艾巴里格这样的地方补充饮水。

三是关于穆太奈比的记载中明确指出，他从萨瓦南下时的目的地是杜马占德勒，当时他对自己的同伴福莱泰说："那就让我们在真主的保佑下，突围到杜马占德勒。"[①]这可以表明，穆太奈比当时想要前往杜马占德勒，因为那是沙姆、麦地那和库法三个地区的交界处。他最终的目的地是库法而不是艾巴里格，艾巴里格也不是杜马占德勒的别名。

四是杜马占德勒完全称得上是一处"欧格达"，它是一个拥有水源、农场和椰枣树的村庄，与艾巴里格完全相反。雅古特写道："杜马占德勒是一处面积为5平方法尔萨赫（1法尔萨赫=6.24公里。——译者注）的盆地。"[②]雅古特还记载道："在它的西面有一处泉眼，水源充沛，用于灌溉椰枣树和庄稼。"这些都是"欧格达"或者"欧格达焦夫"的特点。与艾巴里格的干旱和荒漠比起来，这处水源当然更加吸引穆太奈比。

五是贾西尔谢赫还写道："虽然穆太奈比的诗中提到了这一处欧格达焦夫，但是我手头用于确定阿拉伯半岛地名的书籍中都没有提到这个地方。事实上，在古籍中，这个地方被称为杜马占德勒。"[③]这些论据或可证明，穆太奈比在其诗中提及的欧格达焦夫并非艾巴里格，而是杜马占德勒。我几乎可以如此断定。

那么，穆太奈比在杜马占德勒这处水源充沛的泉眼补充完饮水后，又去往何地？

---

① 参见《穆太奈比诗集》，第495页。
② 参见雅古特著《列国志》，第2册，第487页。
③ 参见贾西尔谢赫著《沙特阿拉伯地理大辞典》，第1册，第360页。

穆太奈比已经靠近村之谷的南部边界。杜马占德勒位于村之谷的中心区域，它是古莱亚特村落的一处村庄。①除此之外，还有塞卡卡和卡拉。这三个村庄是村之谷的主要聚居地。就这样，穆太奈比离开杜马占德勒，向东北方向出发，开启他的最后一段旅途。穆太奈比在诗中写道："清晨时分，萨瓦尔便出现在我们眼前；……"

因此，穆太奈比在离开杜马占德勒后前往萨瓦尔，它就像诗中所写那样，出现在穆太奈比的眼前。

那么，萨瓦尔在哪里？这个地名又是否正确呢？

贾西尔谢赫写道："萨瓦尔是位于塞卡卡东北部的水源。"②萨瓦尔同艾达里阿和杜马占德勒一样，除面积大小不同外，至今仍然是大家所熟知的城市，有人居住在其中。但是它的地名也发生了变化，现在被称为苏维尔。不仅如此，自穆太奈比在伊历四世纪创作的诗中提及这个地方以后，它的名称发生了多次变化。艾布·阿拉·麦阿里记载道："艾布·法特赫·伊本·金尼曾说过：'萨瓦尔这个名称并不为人知，人们称它为萨瓦拉。'"③伊本·金尼也是从各类关于延尾名词和减尾名词的书籍中得出了这个结论。穆太奈比或许想说的是"萨艾尔"，但是由于语言的变化成为"萨瓦尔"。伊本·金尼曾在他的文章中写道："艾布·法拉兹达格和苏海姆·本·瓦西勒·里亚西在提及地名时存在错误。这句诗的意思是，骆驼在早上就看到了这处地方。

---

① 参见雅古特著《列国志》，第2册，第487页。

② 参见贾西尔谢赫著《沙特阿拉伯地理大辞典》，第2册，第796页。

③ 参见艾布·阿拉·麦阿里著《亲爱的闪耀者——穆太奈比诗集注释》，第1册，第37—38页。

'早上'一词，既可以在一句话中做主语，也可以做宾语。"伊本·金尼在解释这句诗时说道："艾布·阿姆鲁·杰尔米说过：'萨瓦拉'，是水源的名称。我给穆太奈比说过，并且给他念过这句诗。我们都认为'萨瓦拉'是水源的名称，但是我看他有些犹豫不决。于是，我问他'萨瓦尔'是什么地方？他回答说：'是水源。'"①

雅古特认为"萨艾尔"和"萨瓦拉"是两个不同的地方。据我所知，雅古特没有提到过"萨瓦尔"这个地名。他曾说："'萨艾尔'这个词语是一个专有名词，我没有见过此类泛指名词。它是属于卡勒卜的一处水源，在库法北部靠近沙姆地区的位置。萨艾尔日是一个著名的纪念日。"②这在伊本·法拉兹达格和苏海姆·本·瓦西勒的记载中也有提及。雅古特认为萨瓦拉是麦地那附近的一处水源。

穆太奈比在抵达苏维尔这处水源后又前往哪里？

显然，他肯定继续向东北方向骑行。根据穆太奈比所走的路线，他的下一站是沙胡尔。穆太奈比在诗中写道："清晨时分，萨瓦尔出现在我们眼前；日出之际，沙胡尔亦显现眼前。"那么，沙胡尔又在哪里？

雅古特说："沙胡尔位于卡勒卜部落领地，在伊拉克的萨马沃。阿拉伯人常说：'到了沙胡尔，就是到了伊拉克。'正如另一句阿拉伯俗语：'看到哈达恩山，就是到了内志。'"③根据现有的各地水源地图，现在并没有被称作沙胡尔的水源地。那么，

---

① 参见伊本·金尼著《注释》，第 1 册，第 33 页。
② 参见雅古特著《列国志》，第 3 册，第 431—432 页。
③ 参见雅古特著《列国志》，第 3 册，第 352 页。

这个地名是否也发生了变化？

我认为确实如此。根据穆太奈比所走的路线，在抵达他在诗中所提的朱麦伊前，有一处水源地现在被游牧民称为"马古尔"或"马胡尔"。这里有许多水井，当冬季降雨将其灌满后，生活在附近的阿拉伯人便将井口封住，留待夏季使用。这些井口都是方形，极像库勒瓦定居点和伊尔姆山的水井。我看到的大部分水井，其井口面积都不超过两平方米，但是根据向导所言，也有部分井口较大。这个区域曾是一些游牧民的定居所，现在还能看到原始房屋的残垣断壁，当地人称之为"布维塔特"（意为小房子。——译者注）。

贾西尔谢赫写道："马古尔，是'穆格尔'的复数形式，其意为在硬地中挖掘的深坑，用于收集雨水，可储存一年以上。当地人居住在此，因为这里靠近放养骆驼和羊群的牧场。"[1]这个地方位于苏莱马尼亚南部，两地虽然相距不远，但是其间道路非常崎岖。我可以断定，这就是穆太奈比所提的水源。向导告诉我们，在苏维尔和朱麦伊之间，只有这一处水源丰富的地方。根据地理学家对距离的一贯判断，雅古特说这个地方靠近伊拉克倒也并无问题。同时我认为，虽然这个地方已经属于卡勒卜部落的领地，但是它距离萨马沃还有相当一段距离。

穆太奈比没有具体谈及他在沙胡尔的情况，但他显然是为了补充饮水而去。此外，除了雅古特的著作外，其他地理资料都没有提到沙胡尔。即使是雅古特，其记载也是基于穆太奈比的诗句。伊本·金尼写道："我问他'萨瓦尔'是什么地方？他回答

---

① 参见贾西尔谢赫著《沙特阿拉伯地理大辞典》，第1259页。

说：'是一处水源。'我又问沙胡尔是什么地方，他说：'在清晨的时候，沙胡尔出现在骆驼眼前。'"[1] 根据穆太奈比的回答，这句诗中的"清晨"和"日出"并不是主语。

这就是所有关于这处水源的记载，但可以肯定的是，它位于苏维尔之后，朱麦伊之前。

杰卜尔博士将萨瓦尔（苏维尔）和沙胡尔误认为是两座山的山名，因为他错误地理解了诗中"显现"这个词语。这个词语的原意是"看见高出地面的物体"。但是我们知道，穆太奈比想要去的地方是水源而非高山。

穆太奈比离开沙胡尔后继续朝东北方向前往比里特，但是途中他还需要在朱麦伊补充饮水，朱麦伊大约位于两地中间的位置。穆齐勒在他的旅途中曾经路过此地，将其地名记载为"穆沙什朱麦伊或欧格拉朱麦伊"[2]。

为了找到这处水源并准确地确定其位置，我专程从利雅得出发，前往阿拉伯半岛北部。最终，我确认了这处水源的位置，它位于乌姆汉萨尔村附近。[3] 在当代阿拉伯半岛北部地图上，这个地区被称为"瓦德延"或"湖区"，因为这里存在着多个已干涸的小湖，这也是当地有许多沼泽地的原因。鉴于当地有这么多沼泽，我认为朱麦伊这个地名还需要进一步的确认。因为这个地方也被称为穆沙什朱麦伊，而"穆沙什"指的是"柔软的土地"。在调查完这个地区后，我们确定朱麦伊位于现在输油管线的东北

---

① 参见伊本·金尼著《注释》，第1册，第33页。
② 参见穆齐勒著《阿拉伯沙漠》，第221页。
③ 确认这处水源的功劳，应当属于艾哈迈德·阿勒谢赫，以及乌姆汉萨尔村村民乌拉尼斯·米吉拉德。

部，乌姆汉萨尔村东部，西北与哈马尔乌姆汉萨尔接壤，南部毗邻艾尔山。现在仍有水源存在的穆沙什哈利法位于哈马尔乌姆汉萨尔和艾尔山之间，但是穆沙什朱麦伊这个地区现在已经被掩埋，仅存部分岩石可见。

当伊历四世纪穆太奈比来到此地时，是否整个地区都被称为朱麦伊，而穆太奈比则从其中一处水源地补充饮水？答案或许如此。穆太奈比在朱麦伊补充饮水后，继续前往东北方向的比里特。诗的前言中写道："他在几日后来到欧格达，在杰拉维补充饮水，随后开始穿越贾法尔·本·基拉卜部落的领地。这个部落生活在比里特，穆太奈比曾在那里做客。"[1]

那么，比里特在哪里？雅古特如此写道："比里特，多沙，是一片荒漠地区。谢米尔说：'据传，希里特和比里特是位于巴士拉附近的两个地方。'纳斯尔说：'比里特，是沙姆地区卡勒卜部落的水源地。'哈姆达尼说：'沿着沟渠走就能抵达比里特，这里盛产百里香，左侧是通往伊拉克和库法的道路。'[2]贾西尔谢赫说：'比里特，是半岛东部最著名的水源地之一（现位于伊拉克境内），阿尔阿尔和艾巴古尔两个山谷的水流汇聚于此。'[3]"[4]穆太奈比在比里特不仅补充了水源，还做客于贾法尔·本·基拉卜部落。此前他在艾达里阿时也受到了该部落的款待。

我们从穆太奈比离开布塞塔后的路线中可以得出什么结论？

自穆太奈比离开布塞塔后，先后途经杰拉维、杜马占德勒、

---

① 参见《穆太奈比诗集》，第495页。

② 参见哈姆达尼著《阿拉伯半岛状况》，第286页。

③ 参见贾西尔谢赫著《沙特阿拉伯地理大辞典》，第1册，第190页。

④ 参见雅古特著《列国志》，第1册，第406页。

萨瓦尔、沙胡尔和朱麦伊，然后抵达比里特。我们可以发现，这是一条自西向东然后朝着东北抵达库法的明确路线，所有前往库法的人都会走这条路。穆太奈比在途中没有变过一次路线，没有寻求部落的保护，没有雇佣探路的盗贼。此外，穆太奈比在诗中或者诗的前言中也从未提及那些来自马金部落的同伴，他们陪同穆太奈比前往拉斯萨万，帮助他离开卡夫尔的势力范围，直至他在布塞塔放下心中大石，放声大笑。

他们离开了穆太奈比吗？

我认为如此。因为穆太奈比已经脱离了卡夫尔的势力范围，进入了安全地带。地理学者们称前往库法的道路就在比里特左边，这或许足以表明穆太奈比当时身心放松、路线明确。此外，穆太奈比在比里特补充饮水，并在贾法尔·本·基拉卜部落做客数日，也表明他走的是商队和普通人都会走的官道，而不是此前在尼卡卜和拉斯萨万之间弯弯曲曲的路线。当时的穆太奈比忧心忡忡、情况堪忧，曾被迫三次改变自己的路线。

还剩下一个问题：穆太奈比在艾达里阿和比里特两地都做客于贾法尔·本·基拉卜部落，他是否此前就认识这个部落？如果认识，是否相识于他年轻时前往荒漠地区游历期间？此外，穆太奈比在艾达里阿和比里特分别停留了多久？

我们无法确切地得知，但根据阿拉伯部落款待他人的习俗，他应该分别停留了三天以上。随后，他继续向东北方向出发，前往下一站——艾阿库什。穆太奈比说：

艾阿库什的夜晚如此美妙，路标都隐没在它的黑夜之中。[1]

艾阿库什在哪里？雅古特记载道："艾阿库什位于库法附近，穆太奈比曾在他的诗中提及。"[2]雅古特还援引了穆太奈比的那句诗。艾布·阿拉·麦阿里写道："艾阿库什是地名。"[3]西巴维赫则认为，"艾阿库什"这样的名词形式原本不是用来做地名的，而是名词的复数形式，例如"艾阿库什""艾兹鲁赫""艾斯穆德"等。"艾斯穆德"，是"萨马德"的复数形式，意为少量的水；"艾兹鲁赫"，可以是"扎拉赫"的复数形式，意为做驼鞍用的木头；"艾阿库什"，则是将许多东西聚集在一起的意思。

这处水源有三点值得我们注意：

1. 穆太奈比在夜晚抵达；

2. 周边区域以黑色岩石为主；

3. 这个地区的标识和参照物不清晰，人们容易走错路。

但是正如雅古特所述，这个地方靠近库法，这便足以抵消一切的困难。在艾阿库什和库法之间，只剩下最后一站。穆太奈比在诗中写道：

晚上来到朱麦伊，一路疾行，次日早晨，便抵艾达里阿

和丹纳。

艾阿库什的夜晚如此美妙，路标都隐没在它的黑夜之中。

---

① 参见《穆太奈比诗集》，第497页。

② 参见雅古特著《列国志》，第1册，第222页。

③ 参见艾布·阿拉·麦阿里著《亲爱的闪耀者——穆太奈比诗集注释》，第1册，第38—39页。

我们在夜的焦祖之际抵达鲁海马，夜晚还未过去一半。[1]

诗的前言中写道："穆太奈比途经贾法尔·本·基拉卜部落的领地，这个部落生活在比里特和艾达里阿。穆太奈比在那里做客，随后又抵达艾阿库什和鲁海马。"[2]

这则前言中提到了艾达里阿、比里特和艾阿库什，并且解释了为什么诗句中并没有按照地理顺序来排列。那么，鲁海马在哪里？丹纳又在哪里？

伊本·金尼写道："鲁海马是靠近库法的一个村庄，位于库法西面。"[3]雅古特记载道："鲁海马是库法附近的一处田庄。"[4]赛库尼写道："这是在哈菲亚之后的一处泉眼。如果你从库法出发前往沙姆，这个地方距离哈菲亚3里。"《朝觐见闻之稀世宝玉和伟大的麦加之路》一书在描写伊历318年以库法为起点的朝觐之路时写道："瓦尔卡尼陪同朝觐者前去朝觐，在伊历319年返回，将他们送到库法郊区的鲁海马。"[5]贾西尔谢赫写道："鲁海马是鲁海马维谷地的一处水源，位于胡里山谷底部的东面，距纳吉夫西南方向约30里。"[6]这片区域以泉眼众多闻名。

穆太奈比写道："我们在夜的焦祖之际抵达鲁海马，夜晚还未过去一半。"[7]

---

① 参见《穆太奈比诗集》，第498页。
② 参见《穆太奈比诗集》，第495页。
③ 参见伊本·金尼著《注释》，第1册，第34页—B。
④ 参见雅古特《列国志》，第3册第109页，第2册380页。
⑤ 参见杰兹里著《朝觐见闻之稀世宝玉和伟大的麦加之路》，第1册，第516页。
⑥ 参见贾西尔谢赫《沙特阿拉伯地理大辞典》，第1册，第361页。
⑦ 参见《穆太奈比诗集》，第498页。

穆太奈比是什么时候抵达鲁海马的呢？伊本·金尼写道："诗中所用的'焦祖'是指中间的意思，夜的'焦祖'即前半夜。"①艾布·阿拉·麦阿里则写道："焦祖，意为中间。"②有些不懂阿拉伯语的人会质疑这句诗的内容，认为这是不可能的。他们认为，既然诗中提到了"焦祖"，那就是夜晚已经过去一半，但是诗的后半句却写道："……夜晚还未过去一半。"

这显然与前半句矛盾。

事实上，穆太奈比将夜晚分为三段，将第二段也就是中间的部分称为"焦祖"。因此，诗句"……夜晚还未过去一半"，可以理解为穆太奈比抵达鲁海马的时候，夜晚的第二段时刻刚过去四分之一，还剩四分之三，这样诗句就不存在矛盾了。

根据瓦西迪的记载③，伊本·金尼曾写道："穆太奈比诗句中的'焦祖'指的是前半夜。"伊本·金尼的判断是基于该句诗的下半句"……夜晚还未过去一半"，既然夜晚还未过去一半，那么"焦祖"指的就是前半夜。艾布·哈桑·本·阿卜杜勒阿齐兹（朱尔加尼）写道："穆太奈比既然用了'焦祖'一词，那就不应该再写下半句'夜晚还未过去一半'。既然是在半夜时分抵达，那么夜晚怎么会未过去一半呢？"伊本·福拉杰写道："朱尔加尼理解错了这句诗，诗中的'焦祖'其实修饰的是艾阿库什。因为艾阿库什很大，鲁海马是艾阿库什中部的一处水源，所以这句诗的表述没有问题。"

---

① 参见伊本·金尼著《注释》，第1册，第34页—B。

② 参见艾布·阿拉·麦阿里著《亲爱的闪耀者——穆太奈比诗集注释》，第1册，第40页。

③ 参见瓦西迪著《穆太奈比诗集注释》，第701页。

夜晚还未过半，穆太奈比便来到了艾阿库什中部的这处水源——我认为，这就是穆太奈比想要表达的含义。他想说的是，我们穿梭于艾阿库什的高山和平原之间，在前半夜抵达鲁海马，当时夜晚还未过去一半。学者们之所以对"焦祖"一词的理解存在分歧，因为这个词的确还可以做其他解释。[①]例如，它可以解释为穿行、穿越道路，也可以解释为半夜，还可以解释为夜晚的大部分时间。

我认为，伊本·福拉杰基于第一种释义解释这句诗，他的阐释是正确的，没有过度解读。在鲁海马，穆太奈比卸下了逃亡之旅的重担，停下脚步，吟诵起自豪的诗句，彰显自己的勇敢无畏和良好品德：

> 我们从骆驼身上下来，骄傲地将长矛插在地上。
>
> 我们亲吻自己的宝剑，擦拭敌人的鲜血。
>
> 埃及人、伊拉克人和其他所有人都知道，我是一名真正的勇士。
>
> 我信守承诺，抵御残暴，从不屈服于压迫我的人。
>
> 并非人人都信守诺言，并非人人都能忍受压迫。
>
> 只有像我这般勇敢坚毅，才能克服困难、保持尊严。
>
> 只有理智和洞见才能披荆斩棘。
>
> 每个人都应该量力而行。[②]

这是穆太奈比在鲁海马停留时所作的诗，当时他还未进入

---

① 参见伊本·曼祖尔著《阿拉伯人之舌》，"焦祖"项。
② 参见《穆太奈比诗集》，第498页。

库法。

还剩下最后一个问题，丹纳在哪里？

根据艾布·阿拉·麦阿里的记载，丹纳是一处水源；而根据伊本·金尼的记载，丹纳是一处山谷。我没有在有关的地理材料中找到这个地方，但是根据伊本·金尼和雅古特的记载，我几乎可以断定，丹纳是在过了鲁海马之后，位于库法城边的山谷。伊本·金尼写道："丹纳的泉眼包括泰马尔和哈凡。"①

哈凡在哪里？雅古特记载道："哈凡位于库法附近，朝觐者有时会经过此地。苏卡里曾说：'哈凡和哈菲亚都靠近库法的萨阿德·本·艾比·瓦卡斯清真寺。'哈菲亚位于萨瓦德库法，在拉赫巴以西十几里的地方，从这里向西可以抵达鲁海马。"②哈凡这处属于库法的水源是丹纳水源的分支，哈凡和哈菲亚均位于鲁海马东部。所谓哈菲水源注入鲁海马西部山谷的说法是错误的，应当是鲁海马东部的山谷。基于此，丹纳也必然位于鲁海马东部。如果哈凡位于库法郊区或萨瓦德，那么丹纳就应该紧邻库法的城墙或库法的阿姆鲁·本·阿斯清真寺。至此，穆太奈比终于进入了库法城。

但是，还剩下一个问题，是我无法回答的。

我们知道，此前穆太奈比的祖母病危之际，库法城就禁止他入内探视。那么现在他又是如何进入库法的？或许，这是因为库法的情况已经有所转变。我心中还有一个问题，也未能从有关史料中找到答案：为什么人们也称穆太奈比为"艾布·泰卜"？如果有人能够引用与穆太奈比时代相近的可信史料，并给出这个问

---

① 参见伊本·金尼著《注释》，第1册，第34页—B。

② 参见雅古特著《列国志》，第2册，第279页。

题的答案，我将感激不尽。

最后，穆太奈比的这句诗始终回荡在我脑海中：

我自闭目养神，金句油然而生；他人通宵达旦，却已词穷墨尽。①

---

① 参见《穆太奈比诗集》，第323页。

参考资料

著　作

1. 穆巴拉克·本·穆罕默德（又称伊本·艾拉西尔·杰兹里，伊历606年逝世）著：《圣训集》

阿卜杜勒卡迪尔·艾拉尔纳乌特考证

哈勒瓦书局

2. 阿拉丁·本·阿里（又称伊尔比利，应为伊历8世纪学者）著：《从文学瑰宝窥探阿拉伯语》

贝鲁特：奈法伊斯出版社，伊历1412年/公历1991年

3. 哈桑·本·阿卜杜拉（又称艾拉斯法哈尼，约伊历310年逝世）著：《阿拉伯国家》

哈马德·贾西尔和萨利赫·阿里考证

利雅得：耶玛玛研究、翻译和出版社，伊历1388年/公历1968年

4. 艾布·卡西姆·阿卜杜拉·本·阿卜杜拉赫曼（又称艾拉斯法哈尼，伊历380年逝世）著：《穆太奈比诗歌注释》

穆罕默德·塔希尔·本·阿舒尔考证

突尼斯城：突尼斯出版社，公历1986年

5. 伊穆鲁·盖斯（贾希利叶时期）著：《伊穆鲁·盖斯诗集》

穆罕默德·艾布·法德勒·伊布拉辛考证

开罗：知识出版社，公历1964年

6. 穆罕默德·本·易司马仪（又称布哈里，伊历256年逝世）著：《布哈里圣训实录》

穆罕默德·祖海尔·纳赛尔考证

贝鲁特：救生圈出版社，伊历1422年

7. 优素福·巴迪伊（伊历1073年逝世）著：《穆太奈比生平之预言的清晨》

穆斯塔法·萨卡等考证

开罗：知识出版社

8. 阿卜杜拉·本·阿卜杜勒阿齐兹·安达卢西（又称巴克里，伊历487年逝世）著：《国家和地区名称答疑解惑辞典》（1—4册）

穆斯塔法·萨卡考证

开罗：编著、翻译和出版委员会，公历1945—1951年

9. 艾布·扎克里亚·叶海亚·本·阿里（又称泰卜里兹，伊历502年逝世）著：《穆太奈比诗歌注释》

哈拉法·拉希德·努曼考证

巴格达：公共文化事务馆，公历2002年

10. 穆罕默德·本·伊萨（又称提尔米齐，伊历279年逝世）著：《提尔米齐圣训集》

巴沙尔·阿瓦德·马阿鲁夫考证

贝鲁特：伊斯兰西方出版社，公历1998年

11. 哈马德·本·穆罕默德（又称贾西尔，伊历1421年逝世）著：《沙特阿拉伯地理大全》（北部地区）（1—3册）

利雅得：耶玛玛研究、翻译和出版社

12. 杰米勒·本·阿卜杜拉·本·穆阿迈尔（又称杰米勒·布塞纳，伊历82年逝世）著：《穆太奈比诗集》

侯赛因·奈萨尔收集和考证

开罗：埃及图书馆，公历1968年

13. 艾布·法特赫·奥斯曼·本·金尼·摩苏尔（又称伊本·金尼，伊历392年逝世）著：《穆太奈比诗集注释》

手稿现存于土耳其优素福·阿贾图书馆，共三册，5984—5986号

14. 阿里·本·艾哈迈德·卡尔泰比（又称伊本·哈兹姆，伊历456年逝世）著：《阿拉伯宗谱大全》

阿卜杜萨拉姆·哈伦考证

开罗：知识出版社，伊历1391年/公历1971年

15. 穆罕默德·巴格达迪·摩苏利（又称伊本·豪卡勒，伊历367年逝世）著：《诸地形胜》

迪·胡耶考证

莱顿：博睿出版社，公历1967年

16. 艾布·卡西姆·欧贝杜拉·本·阿卜杜拉（又称伊本·胡尔达扎巴，伊历280年逝世）著：《道里邦国志》

黎巴嫩：拉伊顿出版社，公历1889年

17. 艾布·阿巴斯·艾哈迈德·本·穆罕默德（又称伊本·哈尔坎，伊历681年逝世）著：《名流生死簿》（1—8册）

伊赫桑·阿巴斯考证

贝鲁特：萨迪尔出版社

18.穆罕默德·本·哈桑·艾拉兹迪（又称伊本·杜雷德，伊历321年逝世）著：《衍生》

阿卜杜萨拉姆·哈伦考证

开罗：汉吉出版社，伊历1378年/公历1958年

19.艾布·阿卜杜拉·法赫鲁丁·穆罕默德·本·欧麦尔（又称拉齐，伊历606年逝世）著：《幽冥之匙：解释大全》

贝鲁特：阿拉伯遗产复兴出版社，伊历1420年

20.哈桑·本·拉希格·凯鲁万（又称伊本·拉希格，伊历463年逝世）著：《诗歌文学精粹支柱》

穆罕默德·穆海尤丁·阿卜杜勒哈米德考证

贝鲁特：杰勒出版社，伊历1401年/公历1981年

21.穆尔泰迪·祖贝迪（伊历1205年逝世）著：《辞典精粹中的新娘之冠》

哈达亚出版社

22.艾布·穆罕默德·侯赛因·本·伊布拉辛（又称伊本·早莱格，伊历387年逝世）著：《埃及人西巴维赫生平》

穆罕默德·伊布拉辛·萨阿德和侯赛因·迪卜考证

开罗：学术研究图书馆，伊历1410年

23.艾布·卡西姆（又称齐亚尼，伊历1249年逝世）著：《海陆世界见闻》

阿卜杜勒卡利姆·盖拉尼收集和评注

摩洛哥新闻部

24.阿姆鲁·本·奥斯曼（又称西巴维赫）著：《西巴维赫之书》（第3册）

阿卜杜萨拉姆·哈伦考证

开罗：汉吉出版社，伊历1408年

25. 穆罕默德·马哈茂德（又称沙基尔，伊历1418年逝世）
著：《穆太奈比》

吉达马达尼出版社、开罗汉吉出版社，伊历1407年/公历
1997年

26. 优素福·艾哈迈德（又称希拉维，伊历1424年逝世）著：
《穆太奈比地图册：诗作和生平》

阿拉伯研究和出版基金会，公历2003年

27. 穆罕默德·本·杰里尔，（又称泰卜里，伊历310年逝
世）著：《古兰经解总汇》（第10册）

开罗：穆斯塔法·巴比·哈莱比出版社，伊历1388年/公历
1968年

28. 穆罕默德·本·杰里尔，（又称泰卜里，伊历310年逝
世）著：《泰卜里史书》（第7册）

穆罕默德·艾布·法德勒·伊布拉辛考证

开罗：知识出版社，公历1966年

29. 阿卜杜勒穆阿敏·巴格达迪（又称伊本·阿卜杜勒哈格，
伊历739年逝世）著：《地名一览表》（1—3册）

阿里·穆罕默德·巴贾维考证

开罗：穆斯塔法·巴比·哈莱比出版社，伊历1373年/公历
1954年

30. 阿卜杜勒卡迪尔·本·穆罕默德·本·阿卜杜勒卡迪
尔·杰兹里·罕百里（伊历10世纪学者）著：《朝觐见闻之稀世
宝玉和伟大的麦加之路》

哈马德·贾西尔考证

利雅得：耶玛玛研究、翻译和出版社，伊历1403年/公历1983年

31. 阿卜杜勒瓦哈卜（又称阿扎姆，公历1959年逝世）著：《穆太奈比千年回忆录》

巴格达：半岛印书馆，伊历1355年/公历1936年

32. 欧麦尔·本·艾哈迈德·阿基勒（又称伊本·阿迪姆，伊历660逝世）著：《阿勒颇历史求知》（第2册）

苏海勒·扎卡尔考证

大马士革：思想出版社，伊历1408年/公历1988年

33. 法尔罕·阿卜杜拉·艾哈迈德·法尔罕著：《穆太奈比逃亡故事——从福斯塔特到库法》

科威特，伊历1431年/公历2010年

34. 穆罕默德·本·雅各布（又称费鲁兹阿巴迪，伊历817年逝世）著：《大辞海》

贝鲁特：使命印刷、出版和发行公司，伊历1426年/公历2005年

35. 艾布·阿卜杜拉·穆罕默德·本·艾哈迈德（又称卡尔泰比，伊历671年逝世）著：《古兰经经规集》（卡尔泰比注释）

艾哈迈德·巴尔杜尼和伊布拉辛·艾特费什考证

开罗：埃及图书出版社，伊历1384年/公历1964年

36. 艾哈迈德·本·阿里（又称卡勒卡珊迪，伊历821年逝世）著：《哈里发宫廷文书大全》

埃及图书出版社

37. 艾布·法达阿·易司马仪·本·欧麦尔（又称伊本·凯西

尔，伊历774年逝世）著：《伟大古兰经注释》

萨米·穆罕默德·塞拉马考证

利雅得：泰巴出版和发行社，伊历1420年/公历1999年

38. 艾布·泰卜·艾哈迈德·本·侯赛因（又称穆太奈比，伊历354年逝世）著：《穆太奈比诗集》

阿卜杜勒瓦哈卜·阿扎姆收集和考证

开罗：编著、翻译和出版委员会，伊历1363年/公历1944年

39. 艾哈迈德·本·穆罕默德·艾拉斯法哈尼（又称马尔祖基，伊历421年逝世）著：《激昂诗注释》

艾哈迈德·艾敏和阿卜杜萨拉姆·哈伦考证

开罗：编著、翻译和出版委员会，伊历1387年/公历1968年

40. 艾布·阿莱·艾哈迈德·本·阿卜杜拉（又称麦阿里，伊历449年逝世）著：《亲爱的闪耀者——穆太奈比诗集注释》（第1册）

穆罕默德·赛义德·穆鲁维考证

利雅得：费萨尔国王学术与伊斯兰研究中心，伊历1429年/公历2008年

41. 艾布·阿莱·艾哈迈德·本·阿卜杜拉（又称麦阿里，伊历449年逝世）著：《宽恕之信》

阿伊莎·阿卜杜拉赫曼考证

开罗：知识出版社，公历1962年

42. 穆罕默德·本·艾哈迈德（又称穆卡达西，伊历380年逝世）著：《地区分类大全》

迪·胡耶考证

莱顿：博睿出版社，公历1906年

43. 塔格丁・艾哈迈德・本・阿里（又称马格里兹，伊历845年逝世）著：《大韵文》

贝鲁特：伊斯兰西方出版社，公元1991年

44. 穆罕默德・本・穆卡拉姆（又称伊本・曼祖尔，伊历711年逝世）著：《阿拉伯人之舌》

开罗：布莱格出版社，伊历1308年

45. 阿洛伊斯・穆齐勒（伊历1944年逝世）著：《阿拉伯沙漠》（英文版）

纽约：美国地理学会，1927年

46. 拉马赫・本・艾卜拉达（又称伊本・马亚达，伊历49年逝世）著：《伊本・马亚达诗集》

汉纳・杰米勒・哈达德考证

卡德里・哈基姆审校

大马士革：阿拉伯语学会，公历1982年

47. 齐亚德・本・穆阿维亚・宰比亚尼（又称纳比加，贾希利叶时期）著：《纳比加诗集》

穆罕默德・艾卜・法德勒・伊布拉辛考证

开罗：知识出版社，伊历1397年/公历1977年

48. 阿卜杜勒马利克・本・希沙姆・哈米里・穆阿法里（又称伊本・希沙姆，伊历213年逝世）著：《先知生平》

穆斯塔法・萨卡等考证

开罗：穆斯塔法・巴比・哈莱比印书馆，伊历1375年/公历1955年

49. 哈桑・本・艾哈迈德・本・雅各卜（又称哈姆达尼，伊历334年逝世）著：《阿拉伯半岛状况》

穆罕默德·本·阿里·艾拉克瓦考证

利雅得：耶玛玛研究、翻译和出版社，伊历1394年/公历1974年

50. 艾布·哈桑·阿里·本·艾哈迈德（又称瓦西迪，伊历468年逝世）著：《穆太奈比诗集注释》

法尔达里克考证

柏林：迪特里奇出版社，公历1860年

51. 艾布·哈桑·阿里·本·艾哈迈德（又称瓦西迪，伊历468年逝世）著：《简要释义》（第1—25册）

多位教授共同考证

利雅得：伊玛目穆罕默德·本·沙特大学，伊历1430年

52. 哈桑·本·穆罕默德（又称伊本·瓦基阿，伊历393年逝世）著：《穆太奈比诗句剽窃公正论》

穆罕默德·本·阿卜杜拉·阿扎姆考证

利雅得：费萨尔国王学术与伊斯兰研究中心，伊历1429年

53. 雅古特·哈马维（伊历626年逝世）著：《穆太奈比生平》

哈桑·穆泰塔巴卜转述，参见沙基尔著《穆太奈比》，第661—678页

54. 雅古特·哈马维（伊历626年逝世）著：《文人大全》

伊赫桑·阿巴斯考证

贝鲁特：伊斯兰西方出版社，伊历1414年/公历1993年

55. 雅古特·哈马维（伊历626年逝世）著：《列国志》（第1—5册）

贝鲁特：萨迪尔出版社，公历1995年

期　　刊

1. 艾哈迈德·拉姆齐，《穆太奈比从埃及至库法的逃亡路线》，第一部分，刊登于《使命杂志》，1951年，第956期

2. 艾哈迈德·拉姆齐，《穆太奈比从埃及至库法的逃亡路线》，第二部分，刊登于《使命杂志》，1951年，第958期

3. 艾哈迈德·拉姆齐，《穆太奈比从埃及至库法的逃亡路线》，第三部分，刊登于《使命杂志》，1952年，第996期

4. 叶海亚·杰卜尔，《穆太奈比逃亡路线考证——从福斯塔特到库法》，刊登于开罗阿拉伯语学会，伊历1419年/公历1998年，第83期，第67—97页。

附　录

附录一　关于穆太奈比逃亡之旅其他著作的解读

一、专著：《阿拉伯沙漠》，穆齐勒著

穆齐勒的著作中有两页内容专门讲述穆太奈比的逃亡之旅，其内容主要基于两本参考文献：一是东方史专家迪特里奇考证的《瓦西迪注穆太奈比诗集》，二是巴克里所著的《答疑解惑辞典》。虽然穆齐勒并未注明他所参考的《答疑解惑辞典》是哪个版本，但我推测其应当为东方史专家韦斯滕菲尔德考证的版本。穆齐勒在二十世纪初的二十年间进行考察的时候，这个版本是可以在市面上获得的。①

穆齐勒首先叙述了公历961年穆太奈比是如何开始从埃及至伊拉克的旅途：他从福斯塔特来到库尔祖姆海，然后途经纳赫勒，穿过当地的山路，来到分岔口。关于穆太奈比是向东南前往村之谷，还是向东北前往水之谷，穆齐勒认为，这位逃亡者选择了第二条路。他写道"穆太奈比从泰尔班出发向东前往伊拉克"。

随后，穆齐勒又突然跳到穆太奈比在走过加达谷地附近德布

---

① 参见穆齐勒著《阿拉伯沙漠》，第522—523页。

维拉后，从西斯马出发，先后穿越基法夫、基卜德高地这段旅途。随后穆太奈比穿越布塞塔荒漠，沿途看到许多鸵鸟和野牛。接着，他来到欧格达焦夫，在杰拉维补充饮水，走过苏维拉、沙胡尔、朱麦伊、艾达里阿、丹纳和艾阿库什，在鲁海马为自己和骆驼、马匹补充饮水，最终进入库法。正如他所记载的那样，穆太奈比的路线是非常清晰的。但是穆太奈比在诗中并未按照地理位置的先后来提及地名。穆齐勒还对上述提及的地名进行了解释。

穆齐勒对穆太奈比之旅的叙述虽然简略，但信息量极大，我对此有几点看法：

穆齐勒认为位于西斯马西北部、亚喀巴北部的古维拉就是布维拉，这是不准确的。如果布维拉在此处，那么位于布塞塔北部著名的加达谷地中的古维拉又是何地呢？但是穆齐勒并未坚持他的这个观点，同时还提出布维拉可能位于布塞塔地区。这种说法更为准确。

穆齐勒称沙胡尔是沙贾尔和舒盖尔两地的合称，这两地是位于焦夫西北方向的水源。我认为，穆太奈比在焦夫（或杜马占德勒）、苏维尔（又称萨瓦尔）补充饮水后，不可能再去这两处地方补充饮水。穆齐勒提出的另一种可能更为准确，即沙胡尔是位于苏维尔西北方向的一处水源。因为这个位置位于穆太奈比从杜马占德勒到库法所走的贸易路线之上。沙胡尔应当是现在位于苏维尔和朱麦伊之间的蓄水之处，如今被称为马古尔。

穆齐勒还表示，他并没有找到丹纳，也无法确定它的准确位置。这并非他的问题。我曾试图依据伊本·金尼和艾布·阿拉·麦阿里的记载寻找丹纳的位置，最终亦无功而返。

穆齐勒应当是近现代第一位提及穆太奈比逃亡之旅路线的学者，他值得我们尊敬。

二、论文：《穆太奈比从埃及至库法的逃亡路线》，艾哈迈德·拉姆齐著

第二位关注穆太奈比从福斯塔特逃亡至库法的学者是艾哈迈德·拉姆齐教授。他虽然是经济学家，但是爱好文学，特别是穆太奈比的诗歌。拉姆齐教授在他的研究论文中也提过，他的本职工作是国际经济局局长。

拉姆齐教授共撰写了三篇文章，发表在埃及的《使命》杂志上。第一篇文章的题目为：《穆太奈比从埃及至库法的逃亡路线》。

在这篇文章中，拉姆齐教授提到了以下几点：

1. 穆太奈比抵达福斯塔特时当地的状况。拉姆齐教授批评福斯塔特的文人和知识分子不重视穆太奈比的诗歌、不尊重他的才华，没有对他的创作艺术进行研究。

2. 卡夫尔为穆太奈比在福斯塔特准备的住所在何处？他写道："我认为穆太奈比住在阿姆鲁清真寺附近（旧称阿提格清真寺）。

3. 文章剩余篇幅则主要谈论伊赫什德王朝和图伦王朝，以及卡夫尔所居住的图伦王朝遗留下来的宫殿。

拉姆齐教授在这一篇文章的结尾处写道："这就是穆太奈比生活在埃及时当地之概况。"

他的第二篇文章，谈到了穆太奈比在阿拉法特日开始逃离埃及。他认为穆太奈比写给比勒拜斯埃米尔的赞诗，是为了迷惑卡夫尔，让卡夫尔及其手下以为穆太奈比将会前往北方。我认为这

与事实不符。穆太奈比之所以赞美阿卜杜勒阿齐兹·哈扎伊，是为了感谢他助自己逃亡一臂之力。

随后，拉姆齐教授谈到了穆太奈比在西奈地区的旅途，他写道："我自两年前就试图找到纳吉阿泰尔这个地方，他是穆太奈比流亡之旅首段路途的中点。我参考了手头所有的资料，都没有找到这个地方。我还研究了《出埃及记》中提及的路线，希望能够从中获取一些信息，帮助我考证埃及和纳赫勒之间的地名，但我也没有发现有用的内容。"

拉姆齐教授无须为此感到遗憾，因为他是在六十年前开展的这项研究。在那个年代，人们还无法确定这些地名。而现在，借助当代的地图和相关参考资料，我们已经可以考证这些地名了。

拉姆齐教授接着引用了穆太奈比的诗句："我骑着骆驼前往泰赫，像个冒险家，不成功便成仁。"

教授用较大的篇幅将穆太奈比的冒险与尤利乌斯·恺撒的冒险进行对比，并以此结束了第二篇文章。

在第三篇文章中，拉姆齐教授探讨了穆太奈比逃亡之旅的部分内容，他援引了诗集中诗歌背景介绍的内容，并且对其进行了一些解释。虽然我并不赞同他的一些观点，但是我认为他的研究是很出色的。

但是，当穆太奈比的旅途来到阿拉伯半岛北部后，拉姆齐教授似乎忘了自己文章的主题是穆太奈比的逃亡之旅，并没有去探讨杜马占德勒，反而用文章剩余的篇幅来评判艾布·穆萨·艾拉什阿里和阿姆·本·阿斯，他详细提及了大部分史料中关于二人的记载。

拉姆齐教授的这三篇文章中，有四点内容引起了我的注意：

1. 他认为穆太奈比在伊历351年3月25日抵达库法。

2. 除此之外，其他史料都没有提及这个日期，因此我采用了他的说法。

3. 我认为，拉姆齐教授之所以撰写这三篇关于穆太奈比的文章，是因为他本人在埃及也有类似的经历。他如此评价自己创作的一首诗："这是首抒发一切情感的诗，它赞颂所有像我这样遭受痛苦与压迫却又勇敢面对不公的人。真主保佑穆太奈比。我以这位伟大诗人最精妙的诗句为基础创作了这首诗歌。我曾经遭到压迫，被最亲近的人背叛，穆太奈比的经历我感同身受。我不断地诵读穆太奈比的诗句，从中感受到了力量，它们激发了我的勇气和坚毅。"这段话足以表明，拉姆齐教授曾陷入类似于穆太奈比的悲惨境遇中，它也揭示了教授为何撰文叙述穆太奈比的逃亡，在卡夫尔宫殿中的遭遇，特别是穆太奈比在文化圈中遭受的不公和孤立。

4. 拉姆齐教授与其他学者一样，认为穆太奈比当时经村之谷前往麦地那，他写道："我们知道，西斯马距村之谷两夜的路程，村之谷距麦地那则是六夜的路程。"

虽然这三篇文章对穆太奈比逃亡之旅的研究还不够严谨，但它仍然是关于穆太奈比的最具价值的材料之一。无论如何，究其根本，或许正是因为二者曾陷入极其相似的悲惨境遇之中。

三、论文：《穆太奈比自福斯塔特至库法逃亡路线考证》，叶海亚·杰卜尔著

首位以严谨的学术方式著书探讨穆太奈比逃亡问题的是叶海

亚·杰卜尔博士。他撰写了长篇论文《穆太奈比自福斯塔特至库法逃亡路线考证》（伊历350年12月9日至伊历351年3月）。

他在论文开端，首先叙述了穆太奈比诗歌前言中的内容。穆太奈比逃亡时创作的诗篇及其前言中提到了许多地名，而这篇论文的目的正如其题目所指，是确定这些地点的位置，而非研究穆太奈比的诗作。论文以学术性极高的方式叙述了穆太奈比在埃及的生活状况，他为何去埃及，又为什么被迫逃离。他对穆太奈比逃亡路线的考证，虽然态度虔谨，但主要是依据其他史料进行的理论推演。相比拙作，却是依据经年累月的实地考察。因此，虽然杰卜尔博士的这篇文章为"路线考证"，但它内容准确性是极为欠缺的。我可以举几个例子来说明。当然，这既不是贬低杰卜尔博士，也不是抬高笔者本人，只是为了说明理论研究法和实地研究法之间的差异。

1. 杰卜尔博士提出了五条穿越西奈沙漠的路线，但是他未能明确指出穆太奈比具体走的哪一条。这五条路线，是自西向东穿越西奈沙漠的全部路线，穆太奈比只能选择其中的一条。杰卜尔博士应该根据诗作前言中的信息判断或者推测出穆太奈比所走的那条路线，但是他并未指出。

2. 对于泰赫、纳赫勒、拉斯那这些无须赘述的地方，杰卜尔博士用了很大的篇幅，但是对一些诗中提及的重要地点，他却没有仔细地考证和分析，例如水之谷和村之谷。此外，杰卜尔博士认为诗中提及的村之谷，是汉志地区的村之谷，也就是朝觐者前往麦地那和麦加时途经的那一个。他在详细叙述尼卡卜时曾极其简略地提到："来到尼卡卜的人，需要确定下一站的方向。如果想去阿拉伯半岛，那就要从亚喀巴南部继续南下，走朝觐大道前往村之谷和麦地那。而想去沙姆的人，则走泰尔班方向。"①

杰卜尔博士错误地理解了这句诗："在尼卡卜，我们让骆驼选择，是去水之谷，还是去村之谷。"

诗中所述显然是另一处村之谷，笔者在本书中已经对此进行了阐述。

3. 杰卜尔博士在确定西斯马的位置时写道："西斯马，向西延伸至西奈东部的山脉，直至泰赫荒漠的边界；向东则延伸布塞塔、沙巴基亚、萨万及塞尔罕谷地的西南部直至焦什和阿莱姆；向南则延伸至塔布克，与沙法山脉和汉志山脉相连。"②杰卜尔博士眼中的西斯马，真是"太广袤、太精确了"！

4. 巴迪伊称，布塞塔在库法附近。杰卜尔博士认为此说法有误。他写道："这是错误的。布塞塔应该在西斯马和焦夫之间。"③我认为，杰卜尔博士所言并不准确，因为西斯马的西南角与塔布克接壤，这里距布塞塔超过400公里。布塞塔的正确位置，应该在约旦东南面与焦夫之间。更确切地说，它在焦什山和阿莱姆、焦夫之间，我亲自前往实地进行了考证。

5. 杰卜尔博士认为，布塞塔和西斯马接壤。④我认为这种说法也是不准确的。西斯马北起亚喀巴，南至塔布克，而布塞塔位于塔布克东面，相距约400公里。布塞塔的最北处与西斯马的最南处平行，两地怎会相交？

6. 杰卜尔博士写道："诗的前言中记载，穆太奈比行路数

---

① 参见叶海亚·杰卜尔著《穆太奈比逃亡路线考证》，第79页。
② 参见叶海亚·杰卜尔著《穆太奈比逃亡路线考证》，第83页。
③ 参见叶海亚·杰卜尔著《穆太奈比逃亡路线考证》，第88页。
④ 参见叶海亚·杰卜尔著《穆太奈比逃亡路线考证》，第73页。

夜后抵达欧格达，在杰拉维补充饮水。这意味着杰拉维在焦夫东面，穆太奈比先到焦夫，后到杰拉维。事实上，杰拉维在焦夫的西面，先到杰拉维，再到焦夫。"我认为，杰卜尔博士所言是正确的。从地理位置上看，杰拉维位于焦夫的西面。①但是杰卜尔博士忽略了一点，那就是穆太奈比诗歌中提到的绝大多数地名和水源名，并不是按照地理位置来排序，而是为了符合诗歌的韵律。下文中我还将提到这一点。

7. 杰卜尔博士在谈及纳吉赫泰尔时写道："我没有在史料中找到这处地方，但是我发现了一处名为纳瓦提尔的地方。纳吉赫泰尔这个地名可能发生了变化，或许就是纳瓦提尔？"②我认为，纳吉赫泰尔是一个单数名字，无论怎么变化，也不会变成纳瓦提尔这样的复数名字。此外，纳瓦提尔有三处地方，分布在苏伊士湾东部的西奈地区。

8. 杰卜尔博士在谈及泰尔班的时候提到了加兰达勒水源。他写道："著名的加兰达勒水源位于泰尔班，它开凿于哈里发欧麦尔时期。卡勒卡珊迪称，加兰达勒曾是卡拉克地区的首府。"③我认为，杰卜尔博士应该问自己这样一个问题：加兰达勒位于泰尔班山附近，靠近约旦南部的马安，它怎么可能是约旦北部卡拉克地区的首府呢？在我看来，泰尔班的加兰达勒并不是卡拉克的加兰达勒。泰尔班的加兰达勒位于泰尔班山的西北处、今亚喀巴省境内，坐标约为东经35°13′、北纬35°39′，而不是在泰尔班境内。曾经是卡拉克地区首府的加兰达勒则位于北部，在图费莱

---

① 参见叶海亚·杰卜尔著《穆太奈比逃亡路线考证》，第90页。
② 参见叶海亚·杰卜尔著《穆太奈比逃亡路线考证》，第75页。
③ 参见叶海亚·杰卜尔著《穆太奈比逃亡路线考证》，第81页。

省巴西拉旗境内，坐标约为东经35°39′、北纬43°30′。我曾亲自考察过这两处加兰达勒，并且拍摄了照片。我可以确定，曾经是卡拉克地区首府的加兰达勒与穆太奈比提及的加兰达勒毫无关系。

9. 穆太奈比诗作的前言中描写了西斯马的景象，他曾被其美景所吸引，在那里居住了整整一个月。纳比加也曾作诗道："西斯马山尘土飞扬，山峰被黑暗所笼罩。"（"理智"和"飞扬"两个词在阿拉伯语中，其后两个字母顺序相反，后人记载此诗句时如前文提及，曾将"飞扬"一词写为"理智"，导致歧义。——译者注）

这首诗的前言中专门提及了这句诗，称"人们对这句诗的解释各不相同，无法确定诗句具体所指"。杰卜尔博士写道："人们不知道纳比加这句诗具体所指，它需要进一步的语法分析和研究。"博士尝试对这句诗进行解读，他写道："这句诗的意思应该是：尘土似是获得了理智，也就是说尘土没有离开原来的位置。"[1]他主要参考了贾西尔谢赫的著作。如果他仔细研究这句诗的释义，就会发现诗句中存在篡改。"理智"一词是错误的，正确的应该为"飞扬"。如果杰卜尔博士仔细阅读了纳比加诗集中这首诗的前言，就会发现这一点。这首诗是在西斯马某场战斗结束后创作的，这句是在描写战场上飞扬的尘土。可以说，这句诗丝毫不奇怪，相反，它的含义非常清楚。

10. 杰卜尔博士详细地叙述了巴亚德、卡比杜维哈德和基法夫。[2]我认为，穆太奈比从西斯马出发后，首先在卡比杜维哈德停

---

[1] 参见叶海亚·杰卜尔著《穆太奈比逃亡路线考证》，第84页。
[2] 参见叶海亚·杰卜尔著《穆太奈比逃亡路线考证》，第85页。

留并补充饮水，然后前往巴亚德。但是穆太奈比并没有进入巴亚德，而是在拉斯萨万停留，在当地寻找能够保护他的阿拉伯人。从拉斯萨万出发，有三条道路可以前往库法，但是穆太奈比并没有找到能够保护他的人，于是选择南下，先后抵达基法夫、布维拉、加达谷地和布塞塔，这才是他真正的路线。

11. 杰卜尔博士在泰赫和西斯马部分展开了较大篇幅的讨论，但是他却没有提及村之谷，甚至在分析"我射箭的方向，是基法夫和卡比杜维哈德；布维拉就在加达谷地旁"这句诗时，还认为雅古特称基法夫在村之谷附近是错误的。[①]我认为，杰卜尔博士同其他学者一样，错了雅古特此处所指的村之谷。雅古特所言是正确的，这个村之谷并非麦地那北部的那个村之谷。

12. 杰卜尔博士在确定布维拉的位置时写道："布维拉，在布塞塔地区内，位于加达谷地。"[②]这是穆太奈比诗中明确提到的："……布维拉就在加达谷地旁。"但是，布维拉具体在哪里？是否如杰卜尔博士所言"位于布塞塔域内"？

但愿杰卜尔博士能够告诉我们。我没有能够找到它的确切所在，在地名被多次更改后，我只能依据马格迪西确定的路线予以推测。

13. 杰卜尔博上在确定加达谷地和布维拉的位置时，称加达谷地在布维拉附近，而布维拉则在加达谷地中。[③]此外，他又做了一些无意义的补充。我认为，加达谷地，现在被称为古达谷地，也就是"加达"的指小名词。这里的水源发自塔比格山脉北部的古

---

① 参见叶海亚·杰卜尔著《穆太奈比逃亡路线考证》，第87页。
② 参见叶海亚·杰卜尔著《穆太奈比逃亡路线考证》，第87页。
③ 参见叶海亚·杰卜尔著《穆太奈比逃亡路线考证》，第87页。

达山脉，在流入布塞塔前分为两支。西支被称为古达-艾布塔莱赫谷地，东支被称为古达-艾布加达谷地。我亲自考察过这两处山谷，它们的地名名副其实——第一个山谷中生长着许多阿拉伯橡胶树，第二个山谷则柽柳丛生。

14. 杰卜尔博士确定的焦什和阿莱姆的位置与实际位置比较接近，但两地都不在布塞塔境内，而是与布塞塔的北侧和西北侧接壤。阿莱姆山是一座孤立的山，焦什则是一片山脉，位于阿莱姆西侧。焦什山脉地区的居民现在称其为侯萨山脉。[①]

15. 杰卜尔博士将萨瓦尔称为苏瓦尔，认为它是山名，他的依据是穆太奈比下面的这句诗："清晨时分，萨瓦尔便显现在我们眼前……"[②]因为"显现"这个词多用于高出地平面的物体，因此杰卜尔博士认为这是山名。贾西尔谢赫在其所著的《阿拉伯半岛北部地理辞典》中写道："萨瓦尔是位于塞卡卡东北部的水源。"此外，杰卜尔博士还将诗句"上午到了沙胡尔"中的"沙胡尔"也认作山名，而沙胡尔这个名称现在已经变为马胡尔，意为许多口井。我去当地考察时发现，每一口井的井口面积约两平方米，生活在周边的游牧民将冬季的雨水储存其中。这些井的井底是硬土，能够保存水源。牧民蓄水后将井口盖住，在夏季它可为人畜提供所需的饮水。

我不理解的是，杰卜尔博士如何确定萨瓦尔与沙胡尔之间的距离为20里。我们曾乘车走过两地间的土路，几乎花了半天的时间。杰卜尔博士是否亲自考察过这两个地方，测量出两地距离为20公里？还是说，他只是根据穆太奈比诗中所提的"一日一夜间

① 参见叶海亚·杰卜尔著《穆太奈比逃亡路线考证》，第87—88页。
② 参见叶海亚·杰卜尔著《穆太奈比逃亡路线考证》，第91页。

抵达"，因此估算出两地的距离？这显然是错误的推测。我并不认为穆太奈比的骆驼要比我们的汽车还快。

据我推测，杰卜尔博士误解了穆太奈比在其诗中所用的词语，例如：早上显现、清晨出现、晚上抵达朱麦伊、早上启程前往艾达里阿。博士完全根据字面意思来理解。如果真是如此，那么穆太奈比离开苏维尔后的第二天或者第三天就能抵达库法了。事实上，这些词语都是为了体现出穆太奈比日夜兼程、一路疾行，都是具有象征意义的词语。

16. 杰卜尔博士还确定了丹纳和艾达里阿的位置，他写道："丹纳是位于艾达里阿东北部的水源，两地相距不远。"①事实上，丹纳在库法附近，而艾达里阿则在杜马占德勒附近，两地相距甚远！艾达里阿是位于今哈什姆艾达里阿山脚下的一座城市。根据艾布·阿拉·麦阿里和雅古特的记载，游牧民在城里挖掘了水塘，供伊拉克和沙姆地区的朝觐者使用。杰卜尔博士之所以这么说，也是因为穆太奈比在诗句中将两地联系在一起："次日早晨便到了艾达里阿和丹纳。"

穆齐勒和贾西尔两位学者都认为，为了符合诗句的韵律，有时候无法按照地理顺序来排列地名。我同意两位学者的观点。杰卜尔博士在他的论文中忽略了这些地名的真实位置，根据诗句的顺序来确定，导致他出现了许多纰漏。读者不难发现，杰卜尔博士在他的论文中经常偏离主题，导致他的论文在很多地方都欠缺学术性。

以上是我对杰卜尔博士论文的一些看法，他的论文很有价

---

① 参见叶海亚·杰卜尔著《穆太奈比逃亡路线考证》，第93页。

值，主要目的就是确定穆太奈比诗作中提及地点的位置。而笔者的任务，也是对穆太奈比逃亡之旅的情况进行一些微不足道的研究，希望能有一定的参考价值。

四、专著：《穆太奈比地图册：诗作和生平》，优素福·艾哈迈德·希拉维著

希拉维教授的这本书具有先导性，他叙述了穆太奈比的一生，并且附上了穆太奈比途经和居住过的所有地区的地图。这本书的内容具有创新性，极富价值。我将探讨书中67—72页关于穆太奈比逃离埃及部分的内容。

鉴于希拉维教授此书篇幅不大，仅有140页，因此关于穆太奈比逃离埃及的部分非常简短。作者撰写的这部分内容，其主要阅读对象是知识分子群体。希拉维教授认为，穆太奈比离开福斯塔特后，首先北上前往比勒拜斯。我同意他的这个观点，但是对以下两点持不同意见。

1. 希拉维教授认为，穆太奈比从比勒拜斯前往苏伊士。他写道："穆太奈比很快便折向东南方向，前往库尔祖姆（今苏伊士）。"我认为，在卡夫尔发现穆太奈比逃走后，穆太奈比不可能再前往东南方向。这里靠近福斯塔特，遍布寻找穆太奈比踪迹的眼线，像穆太奈比这样的聪明人，不可能前去自投罗网。

2. 希拉维教授还写道："穆太奈比朝西南方向去往西斯马高地，然后进入水之谷，这个山谷一直延伸至麦地那北部。我们不知道穆太奈比为什么选择这个方向？他是想去麦地那或汉志，又或是内志吗？"我认为，无论是麦地那，还是汉志或内志，都

不是穆太奈比的目的地。希拉维教授显然是受到水之谷这个地名的影响，才会提出这样的问题。因为有三处山谷的名字都是水之谷。第一处在内志，第二处在欧兹拉部落的领地，第三处位于库法东北部。穆太奈比的目的地是最后一处水之谷。希拉维博士之所以提到汉志，可能是因为穆太奈比在诗中提到了村之谷。因此，希拉维博士认为穆太奈比可能想去麦地那或者汉志。穆太奈比所指的村之谷现在被称为塞尔罕谷地或者古雷亚特谷地。

但无论如何，这本书都具有很高的价值。

五、专著：《穆太奈比逃亡之旅：从福斯塔特到库法》，法尔罕·阿卜杜拉·艾哈迈德·法尔罕著

这是一本奇书，书名与内容并不相符，全书谈及穆太奈比逃亡之旅的内容极少，大部分内容都与逃亡毫无关系。我将简要叙述这本书的内容。这本书的目录如下：

第五章的主要内容是：

65—71页，对逃亡之旅的研究，但是在理解诗句和确定各地位置方面存在大量错误；72—99页，援引拉姆齐教授撰写的三篇文章；100—110页，作者专辟一节，题为"穆太奈比冒险之旅途经的地区"；111—115页，对穆齐勒著《阿拉伯沙漠》一书进行解读，但是理解不甚准确；116页，介绍伊本·金尼；117—129页，介绍艾布·阿拉·麦阿里及其著作；129—147页，阐释穆太奈比创作的五首赞美或讽刺卡夫尔的诗，以及其他摘取的诗句。

这就是法尔罕这本书的内容，它并没有为穆太奈比逃亡之旅的研究提供太多有益内容。这本书中存在许多不应出现的学术、语言和语法方面的错误，但是对于普通读者来说，可以从中大致了解穆太奈比及其诗歌，或是麦阿里等人和他们的著作。最后，鉴于该书作者学识浅薄，缺乏撰写严谨的学术著作的方法，这本书不应被纳入研究穆太奈比逃亡之旅的著作之列。

附录二　关于逃亡之旅的背景情况和诗歌注释

逃亡诗的前言
《穆太奈比诗集》第488—497页

穆太奈比在埃及大约生活了五年，创作了数首给卡夫尔的赞诗。但是他作诗赞美法提克·伊赫希迪之举，引起了卡夫尔的不满。此外，穆太奈比在《风寒诗》中流露出想要离开埃及的念头，更让卡夫尔不悦。穆太奈比在诗中写道：

> 难道我没有忍受每一种苦难吗，你为什么还要来凑热闹？
> 我已遍体鳞伤，在没有刀剑和箭矢加害于我之地。
> 我多么想知道自己的双手，能否执缰骑马，或驭驼前行。
> 我能否骑着疾驰的骆驼，去我向往之地，
> 就让缰绳被骆驼的口水浸染，成为美丽的装饰品。
> 无论是以和平的方式，还是借刀剑和长矛，我都要洗雪
> 遣负。

因此，卡夫尔为了让穆太奈比难堪，要求穆太奈比所有的邻居监视他，甚至派遣一群人在深夜查探他，打听每个进出他家的

人。每天都有人去穆太奈比家里查看情况。穆太奈比深知此举之意，从不在这些人眼前露面。

穆太奈比当时与法提克交好，常与他交谈。法提克去世后，穆太奈比便决意离开。他曾多日暗中准备逃亡所需的物资，并且对仆人多加防备，表面上装出愿意继续留在埃及的样子，因此他的仆人无一察觉。穆太奈比在夜间将长矛埋在沙中，从尼罗河中汲取足够十天的饮用水，并将其挂在骆驼背上，还准备了足够二十天的干粮，然后写信给阿卜杜勒阿齐兹·本·优素福·胡扎伊：

> 赐福于比勒拜斯的阿拉伯人，他们是如此庄重威严。
>
> 盖斯·本·埃兰的后人，为了追求美好事物而不眠。
>
> 阿卜杜勒阿齐兹·本·优素福尤甚，他是比勒拜斯的泉水和甘霖。
>
> 他为自己的部落增光添彩，无人能与其媲美。

穆太奈比掩藏自己的出逃路线，无一人发现其蛛丝马迹，甚至一些游牧民说道："他像一阵风那样消失了，难道他抹去了自己的痕迹？"一些埃及人则说："他一定是在地下挖了通道！"

卡夫尔派出许多城镇和游牧部落的人手以及士兵前去抓捕穆太奈比，并写信给侯菲因、贾法尔、加沙、沙姆等地区的下属。穆太奈比途经被称为纳吉赫泰尔的地区，然后进入拉斯那，几天后抵达泰赫地区被称为纳赫勒的水源地，当地人称其为海洋。穆太奈比在当地遇到了从纳赫勒出发的马队，与他们发生冲突，但是在了解情况后便离开了他们。穆太奈比一直走到尼卡卜附近才停下，发现有两名骑着小骆驼的苏莱姆部落探子，便骑着骆驼追上去制服了二人。二人对穆太奈比说，苏莱姆部落派他们前来探路，并答应当天晚上在部落中接待穆太奈比。穆太奈比于是将两人的骆驼和武器交还给他们，与他们一同上路，当天晚上抵达苏莱姆部落聚居之地。部落首领穆莱伊布·本·艾比·纳吉姆为穆太奈比搭起一座白色帐篷，并设宴款待了他。次日，穆太奈比前往纳格阿，在马安和辛比斯部落所在的荒漠落脚，马安部落的阿非夫宰了一只羊招待他。第二日，穆太奈比起程，朱扎姆部落的两名盗贼为他引路。穆太奈比沿着泰尔班地区那条众所周知的山道爬坡而行，该区域水源所在地名为加兰达勒，穆太奈比走了大半天，在晚上抵达。随后，穆太奈比进入西斯马。西斯马是一片沃土，这里生长着大量的椰枣树和其他植物。这里群峰矗立，直入天际，山壁光滑陡峭。如果有人想要眺望山顶，那就必须把头高高仰起。没有人能够爬上这样的山峰，黑夜也无法吞噬它。诗人纳比加写过这样的诗句："西斯马山尘土飞扬，山峰被黑暗所笼罩。"

穿越西斯马需要两到三天，它是世上独一无二的地方。其中有一座伊尔姆山，高耸入云，游牧民称山上种了许多果树和松树。穆太奈比在当地遇到正在此处过冬的法扎拉部落。他住在法扎拉部落的阿迪一族中，其中还包括拉希格·本·米赫莱卜部落的人。

穆太奈比与法扎拉部落埃米尔哈桑·本·希克马交好，为了掩盖他与法扎拉部落之间的关系，他选择住在法扎拉部落周边的地方。当时住在穆太奈比旁边的邻居名叫瓦尔丹·本·拉比阿，属于泰伊部落马安族沙比卜分支，瓦尔丹曾让自己的妻子用女色腐化穆太奈比的奴仆，让他们为自己窃取穆太奈比的财物。但总的说来，穆太奈比非常喜欢西斯马，在这里居住了一个月之久。

卡夫尔写信给周边的阿拉伯人，以钱财煽动他们陷害穆太奈比。穆太奈比的仆人也背叛了他。当时瓦尔丹发现穆太奈比有一把宝剑，让穆太奈比拿出来观赏，但是穆太奈比并未将此事放在心上，因为他当时心事重重，并没有将这把剑当回事。瓦尔丹垂涎那把宝剑，便对穆太奈比的奴仆施以美人计，一些仆人便向瓦尔丹通风报信。当穆太奈比遭遇仆人的背叛，且卡夫尔又鼓动身边所有的人出卖他时，他派遣一名信者去找一名法扎拉部落的人，他属于马金分支，是哈拉姆·本·古特巴·本·耶萨尔的后代，他就是福莱泰·本·穆罕默。

如果你流落他乡，那就与哈拉姆·本·古特巴或迪萨尔部落为邻。

他们中那些地位最为低微的人，都将给予你最好的保护。

两人此前便有书信来往。穆太奈比趁仆人睡觉之际来到骆驼旁，他牵紧缰绳，骑上骆驼，生怕有仆人会阻止他。仆人们丝毫没有察觉，穆太奈比随后叫醒他们，让他们骑上骆驼，引着马匹，趁夜色昏暗速速离开。人们丝毫没有察觉穆太奈比的离去，后来都认为穆太奈比去往巴亚德。

穆太奈比朝着巴亚德的方向骑行，抵达拉斯萨万后，他派福莱泰·本·穆罕默德去寻找能够保护他的阿拉伯人，自己则停了下来。

穆太奈比的一位奴仆偷取了他的宝剑，将宝剑交给另一位奴仆，让后者带着宝剑骑马逃走。然后他又想去骑走穆太奈比的马，被察觉后诡辩称："有个仆人骑走了我的马。"他边说边走向穆太奈比的马，抽出自己的剑，将拴马绳割断。穆太奈比见状挥拳打向他的脸，随即命令仆人将其致死。次日清晨，穆太奈比派阿里·哈法吉和阿勒万·马金前去追捕逃跑的仆人，此人是穆太奈比仆人中最骁勇善战的人。阿里和阿勒万发现了他的踪迹，在下午追上了他。这名逃跑的仆人问穆太奈比在何处，并小心翼翼地靠近他们俩。阿里和阿勒万称穆太奈比随后就到，并指了下方向。他们让仆人上前，但是仆人却说："我没有看到穆太奈比。如果是他派你们两人来跟踪我，那我们只能拔刀相见。"这名仆人随后便离去了。阿里和阿勒万在第二日返回，正好遇到了弗莱塔，后者说："幸好你们俩没有动手，因为当时正好有人在放牧。如果你们当时动手，一定会被别人发现。"

穆太奈比即兴创作：

> 如果泰伊是卑鄙的，那么拉比阿及其子孙则更加卑劣。
> 如果泰伊是慷慨的，那么瓦尔丹和他的父亲并不在此列。
> 我们在西斯马遇到了他，他是彻头彻尾的卑鄙小人。
> 他用自己的妻子来离间我的奴仆，腐化他们，偷窃我的钱财。
> 如果我的马匹遭其毒手，他们也将被我的长剑惩罚。
> 真主咒骂瓦尔丹和他的母亲，他以猪食为生，鼻子像狐狸。
> 他生性的狡诈，必然继承于他的父母。
> 一个人如果用妻子的贞操来牟利，那是多么卑鄙，多么下作。
> 瓦尔丹的女儿难道不也如此，他们用最卑劣的手段来获利。
> 我曾认为泰伊不会背叛，请不要责备我，

我曾如此坚信，但事与愿违。

诗中还写道：

我为背叛者准备了利剑，必将割下他的鼻子。

我的剑刺向他们的头颅，真主不会怜悯他们。

只叹被罚之人太少，无法慰藉我的宝剑。

你们的躯体是邪恶的，你们的鲜血早已流尽，

豺狼吃了你们的肉，进入你们的躯壳。

你曾经问鸟卜者，背叛我的结果如何。

我向宝剑承诺，所有遇到它的人都难逃一死；

我担心在遇到敌人的时候食言。

你毫无值得称赞之处，无人会为你哭泣。

如果有人背叛我，我将让他面临最可怕的后果。

穆太奈比一路骑行，直到发现了马匹的踪迹。同时，福莱泰也没能为他找到所需的阿拉伯人。穆太奈比对他说道："那就让我们在真主的保佑下，突围到杜马占德勒。"穆太奈比之所以改变目的地，是因为担心卡夫尔在哈斯马的眼线已经知道他想去巴亚德。于是，他朝基法夫出发，三天后到达布维拉。一群盗贼发现了穆太奈比一行人的踪迹，但是他们并没有偷窃。一名叫哈姆苏·本·卡拉卜的盗贼反而与穆太奈比同行。穆太奈比进入布塞塔后，看到一群奴隶正在反抗，他说道："这是清真寺的尖塔！"另一人指着他身边的鸵鸟说道："这是椰枣树。"穆太奈比和身边的人一同放声大笑，他在诗中写道：

雨点稀稀落落地洒在布塞塔，让仆人们眼花缭乱。

他们将奴隶看作尖塔，将骆驼视为椰枣树。

大家握紧手中的缰绳以免跌落，有人莞尔一笑，有人大笑不止。

数夜后，穆太奈比来到欧格达，在杰拉维补充饮水，随后开始穿越贾法尔·本·基拉卜部落的领地。这个部落生活在比里特和艾达里阿。穆太奈比在那里做客，然后又抵达了艾阿库什和鲁海马。伊历351年3月，穆太奈比终于进入了库法。他如此描写自己的旅途：

女人走路摇摇摆摆，骆驼疾跑迅驰如风。

每一头疾驰的骆驼都属于巴贾维人，它们奔跑姿势最为英俊潇洒。

骆驼是生命之绳，助你战胜敌人，躲避伤害。

我骑着骆驼前往泰赫，像个冒险家，不成功便成仁。

如果骆驼遇险害怕，我就骑上马，抽出利剑，提起长矛。

骆驼经过纳赫勒，但它的主人并不需要这里的水源，也不需要世上的一切。

在尼卡卜，我们让骆驼选择，是去水之谷，还是去村之谷。

我们问骆驼，伊拉克在哪里？它站在泰尔班，答道："在这里。"

骆驼像西风一样从西斯马出发，迎着东风疾驰。

我射箭的方向，是基法夫和卡比杜维哈德；布维拉就在加达谷地旁。

骆驼像开辟岩石那样穿过布塞塔；在鸵鸟和剑羚间穿梭。

直到欧克达焦夫才停下，在杰拉维悠闲地饮水。

清晨之时，萨瓦尔便出现在我们眼前；日出之际，沙胡尔又显现在我们眼前。

晚上来到朱麦伊，一路疾行，次日早晨，便抵艾达里阿和丹纳。

艾阿库什的夜晚如此美妙，路标都隐没在它的黑夜之中。

我们在夜的焦祖之际抵达鲁海马，夜晚还未过去一半。

我们从骆驼身上下来，骄傲地将长矛插在地上。

我们亲吻自己的宝剑，擦拭敌人的鲜血。

埃及人、伊拉克人和其他所有人都知道，我是一名真正的勇士。

我信守承诺，抵御残暴，从不屈服于压迫我的人。

并非人人都信守诺言，并非人人都能忍受压迫。

只有像我这般勇敢坚毅，才能克服困难、保持尊严。

只有理智和洞见才能披荆斩棘。

每个人都应该量力而行。

我们出逃之时，卡夫尔正在睡觉。即使他醒着，也是个瞎子。

卡夫尔虽与我们近如咫尺，但愚昧和无知又让他遥不可及。

我曾以为卡夫尔的头脑里充满理智。

但他的理智已经在被阉割的时候，荡然无存。

埃及有许多令人发笑之事，但那却是苦笑。

人们说卡夫尔是黑夜中的明月，但其实他嘴唇奇长。

我虽表面写诗赞颂他，实则却在咒骂他。

那不是赞美，而是讽刺。

一个人即便没有自知之明，旁人也会看清。

就这样，穆太奈比在跋涉2000多公里之后，终于怀揣愉悦的心情进入了库法。

附录三　考察照片

▲ 作者在水之谷用金属碗喝凉水

▲ 水之谷及水井指示牌

▲ 与农场主、导游在水之谷指示牌前合影

▲ 伊本·图伦清真寺，穆太奈比与卡夫尔会晤的场所

▲ 作者于西奈半岛纳赫勒古堡遗址处

▲ 作者于西奈半岛萨马德村指示牌前

▲ 根据推测，此处为约旦境内的纳格阿

▲ 泰尔班山路远照

▲ 泰尔班附近的加兰达勒水源地及生长在其中的椰枣树（穆太奈比在抵达西斯马前曾在此处饮水）

▲ 西斯马的伊尔姆山区（穆太奈比曾在此地居住长达
一个月，做客于法扎拉）

▲ 伊尔姆山的瀑布

▲ 伊尔姆山上的瀑布之一   ▲ 伊尔姆山上的瀑布之二

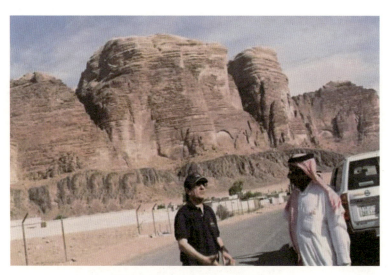

▲ 作者在伊尔姆山前与一名向导交流

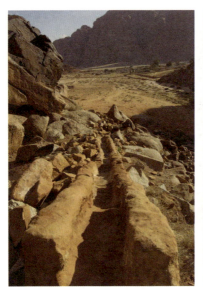 

▲ 西斯马地区伊尔姆山上的
　一处灌溉水渠

▲ 作者在天然山道可以攀登的最高
　处与一名向导交流，此地海拔近
　千米

▲ 作者在伊尔姆山最高处的山薄荷树前

▲ 伊尔姆山区尘土飞扬的照片，印证了穆太奈比诗歌前言
　中的记载"飞扬的尘土也无法掩盖它"

▲ 伊尔姆山南部的乌姆达尔吉大坝

▲ 哈拉扎大坝照片（萨巴·法里斯博士提供）

▲ 乌姆达尔吉大坝的蓄水照片（萨巴·法里斯博士提供）

▲ 作者在乌姆达尔吉大坝下休息

▲ 萨万境内卡比杜维哈德谷地的边界处

▲ 卡比杜维哈德谷地

▲ 舒艾卜·法库克（基法夫）路牌

▲ 法库克谷地某处景色

▲ 法库克、巴伊尔等谷地的水流经这些隧道注入塞尔罕谷地

▲ 俯拍库勒瓦（布维拉）及其底部

▲ 库勒瓦底部照片（萨巴·法里斯博士提供）

▲ 库勒瓦遗址

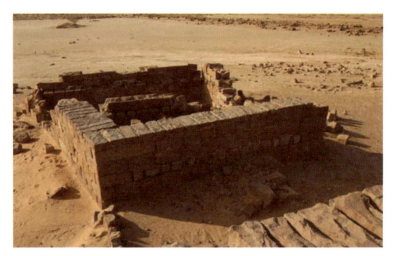

▲ 艾库利定居点遗址（今库勒瓦）-布维拉照片，（萨巴·法里斯博士提供）

▲ 库勒瓦定居点的库法体雕刻，年代可追溯至伊历二世纪或三世纪
（当地旅游和文物总局提供）

▲ 库勒瓦的一口小水井照片（萨巴·法里斯博士提供），
与沙胡尔的水井极为相似

▲ 古达-艾布塔莱赫谷地照片（萨巴·法里斯博士提供）

▲ 古达–艾布塔莱赫谷地

▲ 古达–艾布加达谷地东部

▲ 杰拉维谷地的一口水井（穆太奈比曾从井中汲水供骆驼和马匹饮用）

▲ 杰拉维的水井

▲ 沙胡尔的一口小水井，井口为方形，与库勒瓦水井相似

▲ 另一口沙胡尔的小水井，井底仍有蓄水

▲ 考察组和杰拉维谷地居民合影

▲ 艾达里阿，今哈什姆艾达里阿山麓

▲ 杜马占德勒，作者认为照片中的地区就是被称为"杜马"或"穹顶"的地方

▲ 苏维尔（萨瓦尔）入口处的照片，至今仍是小城镇

▲ 朱麦伊附近的胡利卡水井，底部有水　▲ 被掩盖的朱麦伊水井，四周有石块

▲ 巴里特地区的水井（穆太奈比曾在　▲ 巴里特地区的另一口水井
此做客于贾法尔·本·基拉卜部落）

▲ 艾阿库什地区（今阿卡什）

▲ 库法附近的鲁海马

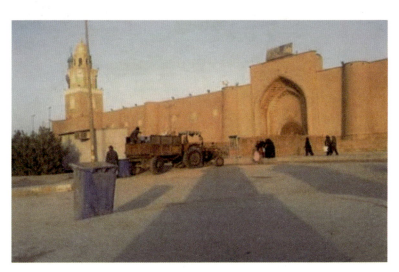

▲ 库法